智慧父母成长课堂

给孩子正确的爱

——如何避开亲子之爱的六大误区

杨敏 编著

清华大学出版社
北京

内 容 简 介

本书通过深入解读当下一系列亲子之爱的真实案例，拨开云雾，燃一盏灯，启迪爱的智慧，点亮平凡人生，引领中国父母在陪伴孩子的岁月中，避开亲子之爱的六大误区，即附加条件的爱、包办替代的爱、强制服从的爱、无法满足的爱、要求回报的爱、跨越界限的爱，从而站在人生艺术的高度，真正做到智慧地怀爱而行。

本书以通俗易懂的语言、生动感人的引导、栩栩如生的案例、明确可行的策略，以及人生哲理的点拨，带领你走进成为智慧父母的提升和成长之旅。

图书在版编目(CIP)数据

给孩子正确的爱：如何避开亲子之爱的六大误区/杨敏编著. —北京：清华大学出版社，2021.10
(智慧父母成长课堂)
ISBN 978-7-302-59222-8

Ⅰ. ①给… Ⅱ. ①杨… Ⅲ. ①家庭教育 Ⅳ. ①G78

中国版本图书馆 CIP 数据核字(2021)第 188097 号

责任编辑：田在儒
封面设计：刘 键
责任校对：赵琳爽
责任印制：宋 林

出版发行：清华大学出版社
网　　址：http://www.tup.com.cn，http://www.wqbook.com
地　　址：北京清华大学学研大厦 A 座　**邮　　编**：100084
社 总 机：010-62770175　**邮　　购**：010-62786544
投稿与读者服务：010-62776969，c-service@tup.tsinghua.edu.cn
质量反馈：010-62772015，zhiliang@tup.tsinghua.edu.cn
印 装 者：小森印刷霸州有限公司
经　　销：全国新华书店
开　　本：148mm×210mm　**印　　张**：32.375　**字　　数**：635 千字
版　　次：2021 年 10 月第 1 版　**印　　次**：2021 年 10 月第1 次印刷
定　　价：198.00 元(全 5 册)

产品编号：088198-01

“智慧父母成长课堂”丛书
编委会名单

序

PREFACE

古往今来，纵观人类文明史可以发现一个永远不变的真谛：父母不仅是儿女的第一任教师，更是儿女的终身教师。家庭教育作为人生教育的第一课，是学校教育、社会教育的基础，也是一个人世界观、人生观、价值观形成的重要基础。它不管是在每个人一生的成长过程中，还是在社会风气和社会文明的形成发展中，都具有强本铸魂的奠基作用。因此可以说，家庭作为人接受教育的摇篮和接受教育的第一个场所，在人一生由浅入深的教育过程中，任何人所接受的最浅显、最基础的教育，都是通过家庭、特别是通过父母来完成的。如果没有家庭教育所传授的那些基本知识、学习本领、生活技能等作为基础，人是很难顺利接受学校教育和社会教育的。是故，家庭既是人的第一课堂，也是人的终身课堂。

世界已经进入终身学习的时代，而一个国家的终身教育平台是靠家庭教育、学校教育、社会教育三大支柱支撑的。时至今日，我国的学校教育、社会教育都有法律的规范、科学的指导、现代技术的支持，而家庭教育则处于初始状态，缺乏系统的科学指导，在某些方面忽视甚至抵触现代教育理念。

在此背景下，“智慧父母成长课堂”丛书应运而生。本丛书以教育部出台的规划精神为指导，遵循家庭教育常识和有关规律，面对现实问题，秉持人性论、生存论、人本主义等理论基础，观照家庭教育对象生命的独特性和完整性、生命体验以及生存状态，坚持以社会学为主导的多学科、综合视角，避免如教育学、心理学等单一学科思维，且兼具可读性、科学性和实用性。

本丛书具有以下三个亮点。

第一，全新的认识和理念。当下家庭教育中最需要接受教育的不是孩子，而是父母。当前中国的家庭教育现状不容乐观，最大原因是中国家庭传统的断裂与师承出了问题。大多数父母对孩子的教育都是继承而不是创新，认为只要按照从上一辈那里学来的经验来教育子女就大致不会出错，认识不到自己所获得的家庭教育经验在巨变下的今天已经无法参照。因此，处在摸索阶段的当代中国父母在家庭教育中出现的问题看似在孩子身上，根却在成人身上，家长的自身教育已经刻不容缓。

第二，科学的认知和建构。当下家庭教育中最需要纠偏的不是教育策略，而是教育理念。以耳提面命、时时关注、步步盯梢的方式，把孩子培养成学习好、听话、懂事的乖孩子成为当下家庭教育中最普遍、最偏颇的理念，很多家长都未曾懂得“教育的本质意味着一棵树摇动一棵树，一朵云推动一朵云，一个灵魂唤醒一个灵魂”。不懂得教育最好的目的是解放孩子，解放孩子的潜质、个性和与生俱来的智慧，帮助孩子找到自己。

第三，深刻的理解和引导。当下家庭教育中最缺失的不是教育目标，而是健康的教育心理。当今中国家庭教育隐藏深远的问题是普遍焦虑——从孩子到父母到祖父母。根源在于父母秉承了传统教育中沉重悲观的思维方式，从而造成急功近利的普遍心态。同时，重养轻教、重物质轻精神、重说教轻氛围，以及传统观念中把孩子当私有财产的灰暗心态也比比皆是。于是，很多家长早已习惯于把自己和孩子的生命当作一场竞赛，从最初接受教育开始，父母都期望培养孩子能在未来具有竞争力——竞争名次靠前，竞争重点班级，竞争进入名校，竞争一份好工作，竞争出人头地。所以，人人似乎都是竞争对手。学习和生活也因此成为沉重之旅，痛苦之旅，斗争之旅。因此，如何培育健康的家庭教育心理已成当务之急：把生命看作一段旅程，把它当作永恒的学习之旅，持久的进步之旅，以及爱之旅，和他人彼此尊重，各自享受属于自己的人生之旅。

本丛书以当下家长教育孩子的现状、存在问题、实践行动为立足点，以智慧家长智慧爱为目标，分别以“给孩子正确的爱”“学习是孩子自己的责任”“注重培养孩子健全的人格”“让孩子学会独立人际交往”“孩子的行为矫正与塑造”为题，帮助家长学会正确爱孩子，学会让孩子主动且高质量地学习，学会在日常中培养孩子健全的人格，学会让孩子独立地进行人际交往，学会及时对孩子的行为进行矫正与塑造，从而给迷惘而焦虑的家长指点迷津，成为特别有爱的智慧家长。

《给孩子正确的爱——如何避开亲子之爱的六大误区》是杨敏教授关于家庭、关于孩子、关于爱与人生的又一鼎力之作。在书中，杨教授通过深入解读当下一系列亲子之爱的真实案例，以娓娓道来的方式帮助中国父母拨开云雾，点一盏灯，引领中国父母在陪伴孩子的岁月里避开亲子之爱的六大误区——附加条件的爱、包办替代的爱、强制服从的爱、无法满足的爱、要求回报的爱、跨越界限的爱。全书30个鲜活案例，30例动人故事，30篇哲理美文，引导广大读者打开通向孩子心灵的窗，启迪爱的智慧，点亮平凡人生。

《学习是孩子自己的责任》是孙传远教授撰写的第三部家庭教育著作。在书中，孙教授从家长与孩子交往的角度入手，以书信、故事、案例分析等生动有趣的方式，从七个方面引导家长思考和行动——人为什么要学习？要把孩子培养成为什么样的人？学习需要什么样的条件？学习仅仅是掌握知识吗？用什么方法能使学习更有效？能让孩子的学习变得更快乐吗？如何教会孩子面对学习困难与挫折？带领家长和孩子一起深刻认识和领悟：学习是孩子自己的责任！同时也向读者传递家庭教育一个美好的理念：“我们需要被看见，而那得是带着理解、爱和接纳的眼睛，并且看见的也是我们自身，而不是对方的想象。”

《注重培养孩子健全的人格》由心理学副教授刘玉梅和家庭教育指导师孙少华合作完成。本书以国内外的心理学研究成果为基础，探究孩子健全人格的培养路径。全书分为三篇。第一篇“破译孩子心灵成长的密码”，以埃里克森人格发展理论为基础，厘清孩子在不同年龄阶段的人格发展特点，提醒父母顺应孩子身心发展的规律与节奏，选择适合孩子的教育方式。第二篇“探寻孩子行为背后的真相”，重点分析影响孩子人格形成与发展的各种因素，给父母的亲子教育以理性引导。第三篇“领悟开启孩子幸福人生的教育智慧”，从儿童心理学和教育心理学视角阐述培养孩子健全人格的方法，助推父母以自己全部的爱心、学识、良知、勇气去感染孩子，唤起孩子对未来生活的无限憧憬和乐观期待。作者遵循“读者中心”与“读者友好”的理念，集科学性、知识性、指导性和实用性为一体，既有生动真实的案例介绍，又有深入浅出的理论分析，表述风格兼顾通俗性与严谨性，可以让广大父母朋友们在轻松的阅读中受到启发，孩子和家庭也能受益。

《让孩子学会独立人际交往》是董丽敏副教授出版的第二部家庭教育著作。全书的写作宗旨是引导父母重视孩子的交往能力，帮助父母了解孩子在人际交往中可能出现的共性问题，协助父母更有效地指导孩子学会独立的人际交往，让每个孩子和家人、老师、同伴的关系都成为人生中最美的遇见。具体内容分三部分：和孩子一起成长——亲子交往篇，相逢是首歌——同伴交往篇，人生不能无师——师生交往篇。每篇都包括名人名言、引入、案例、案例反思、策略与建议、人生哲学六个框架。通过鲜活的日常生活案例，以通俗易懂的语言，带领家长探讨孩子成长过程中可能会遇到的种种交往问题，并提出策略与建议。

《孩子的行为矫正与塑造》由副研究员李学书完成。作者选取当下生活中的一些典型案例，在细致剖析和入微解读的基础上，以孩子行为发展为主线，以孩子成长过程中常见的诸多问题为核心，从家长教育、认知能力、情感培养、学习行为、励志

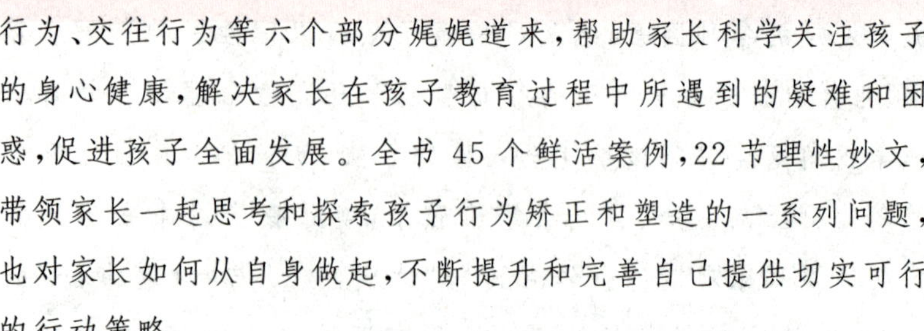

行为、交往行为等六个部分娓娓道来，帮助家长科学关注孩子的身心健康，解决家长在孩子教育过程中所遇到的疑难和困惑，促进孩子全面发展。全书 45 个鲜活案例，22 节理性妙文，带领家长一起思考和探索孩子行为矫正和塑造的一系列问题，也对家长如何从自身做起，不断提升和完善自己提供切实可行的行动策略。

苏联教育家苏霍姆林斯基曾说过："父母的爱应当是这样的：它能激起孩子对周围世界，对人所创造的一切的关心，激起他为别人服务的热情。"同时，他也曾留下过这样一句动人心扉的话："在每个孩子心中最隐秘的一角，都有一根独特的琴弦，拨动它就会发出特有的音响，要使孩子的心同我讲的话发生共鸣，我自身就需要同孩子的心弦对准音调。"相信通过这套书的阅读，能让每一位家长都在自我提升的基础上引领孩子奏响明媚的生命之歌！

"智慧父母成长课堂"丛书编委会主任　王伯军

前言

FOREWORD

天地玄黄，宇宙洪荒，自有人类以来，有父母所在的家就是最让人渴望的幸福场和避难所。由母亲的温馨、善良、呵护、哺育，由父亲的坚强、勇敢、守护、关怀所营造的那个“家”，总是弥漫着一种人类所特有的温暖。

在我们的意识深处，辽阔苍天与茫茫大地之间，似乎只有父母所在的地方没有尔虞我诈，没有欺骗与背叛。即便天塌地陷，海枯石烂，父母对我们的爱也不会改变。因此，家庭成为我们生命之旅的始发港，人生奔波的目的地。

人类对善的追求，是从家庭的人与人之间的关系开始的。孟子把人的美德来源归于家庭：“人人亲其亲、长其长，而天下平。”

苏联教育家苏霍姆林斯基也曾经深情地说：“父母的爱应当是这样的：它能激起孩子对周围世界，对人所创造的一切的关心，激起他为别人服务的热情。”

对人类的教育事业来说，家庭教育、学校教育和社会教育一直被称为教育的三大支柱。而家庭教育则是每个人明确人生目标、成就自我价值、获得幸福生活的基石。

在我们以往的教育观念中，家庭教育通常是指父母及其他家长对子女进行的教育，即家长有意识地通过自己的言传身教和家庭生活实践，对子女展开教育和影响的活动。

可是，在现代教育理念中，家庭教育指向的是家长和子女之间在家庭生活中相互的影响和教育，是一种双向互动行为。它涵盖了能够增进家人关系、提升家庭功能的各种教育活动，包括亲职教育、子职教育、两性教育、婚姻教育、伦理教育、家庭资源与管理教育以及其他家庭教育事项。

因此，家庭教育既是父母对子女的，也是子女对父母的；既是长者对幼者的，也是幼者对长者的。也因此，家庭教育是终身教育，贯穿每个人的一生；是学校教育和社会教育的基础，也是学校教育和社会教育的补充和延伸，对人的一生影响最深远、最长久。

中国文化中蕴含了丰富的家庭教育资源和悠久的家庭教育传统。如何在立足于传统教育理念的基础上，梳理当下中国家庭教育中存在的问题，学习和掌握科学的家庭教育思想、教育理念，引导家长们打开通向孩子心灵的窗，开启与孩子同行的路，领悟和孩子应有的亲密关系，和孩子一起成为最好的人，是当下家庭教育中亟待推进的重要任务。

本书通过深入解读当下中国亲子之爱的30个真实案例，以娓娓道来的讲述、分析与提炼，提醒父母们如何避开家庭教育的六个误区，即附加条件的爱、包办替代的爱、强制服从的爱、无法满足的爱、要求回报的爱以及跨越界限的爱，从而拨开家庭教育的云雾，燃一盏父母之爱的明灯，启迪人生智慧，点亮平凡岁月，带领中国父母在陪伴孩子的时光里，真正做到怀爱而行！

杨　敏

相关资料

目录

CONTENTS

一、附加条件的爱

苏联教育家伊·佩切尔尼科娃在她的《马克思的家庭教育》一书中，以优美动人的笔触介绍了的卡尔·马克思的家庭状况，通过大量生活场景描述，呈现了马克思的家庭教育与家庭幸福。

在马克思的记忆深处，他的父母就是最好的父母——热爱子女，关心子女，既是儿女的长者，也是儿女的朋友；总是充分尊重孩子的自我选择，让孩子走自己选择的人生之路。

他和燕妮组成的小家庭传承了父母的家教和家风，他们互敬互爱，同甘共苦，为三个女儿营造了一个民主、和谐、欢乐的家庭环境，全心全意为孩子的身心健康、快乐成长提供最好的条件。

书中有个小细节。1837 年，19 岁的马克思给父亲的一封信中畅谈了对家庭教育的看法。他认为理想中的父母就是能够成为培养孩子的能手，父母无条件地爱孩子对一个家庭十分重要：

“还有什么比父母心蕴藏的情感更为神圣的呢？父母的

心，是最仁慈的法官，是最贴心的朋友，是爱的太阳，它的光焰照耀温暖着凝集在我们心灵深处的意向。”

书中的这个细节，让人不禁对年轻的马克思肃然起敬。

作为父母，都应该是无条件爱孩子的，因为孩子是父母生命的延续，基因的传递，精神的承接。

但是，在现实生活中，当我们用世俗的眼光去对待孩子时，在爱孩子的时候不知不觉带上附加条件时，就是在给孩子挖沟，也给自己挖沟。

你是否想过，等到若干年后，孩子也极可能会用各种附加条件对待你，厌恶你，远离你。

因为，每个人在内心深处都渴望在父母这里享受到无条件被爱、被尊敬、被呵护的愿望。如果父母违背了这些准则，孩子就会感觉受了伤害。

即便是对自己的孩子，你爱他的时候给他附加了条件，其结果是，孩子将在未来爱你、照顾你、孝顺你的时候，也可能会给你附加条件。

你孩子的言行和思想里，都留着你的印迹和影子。

1. “你再这样，妈妈就不喜欢你了！”

有什么比父母心中蕴藏着的情感更为神圣的呢？父母的心，是最仁慈的法官，是最贴心的朋友，是爱的太阳，它的光焰照耀、温暖着凝聚在我们心灵深处的意向！

——马克思

父母对孩子的爱，是本能之爱。

你观察大自然，看动物世界，看人与自然，会看到鳄鱼把孩子从陆地含在嘴里送到水里；海鸥会在小鸟身边盘旋保护它的第一次飞行；小狼受伤被收养，父母则会守在农舍附近看孩子有没有受到伤害；羚羊、角马等孩子被追赶时母亲会去驱赶狮子；等等。

高尔基曾说，爱孩子这是母鸡也会做的事，更重要的是教与育。

意识是人类区别于动物的标志，教育是野蛮走向文明的途径。爱是天性，与生俱来；爱也是一种能力，终身学习。

但是，随着时间的流逝，亲子之间的爱也逐渐异化。

原本原始单纯的爱，掺杂了期待、控制、情绪，爱与被爱，都

变得沉重不堪。当亲子之爱被各种条件绑架时，爱的讯息，是否还能双向传递？

案例

贝贝有个很爱他的妈妈。妈妈平时帮贝贝安排好一切生活起居，变着花样做好吃的，满足他的要求。

有一天，妈妈和贝贝在公园玩沙子，天已经暗了，到回家的时间了。妈妈要求贝贝回家，但是贝贝怎么也不肯走。

妈妈着急了，说：“好，那你留在这里，我回去了。你这样的话，我就不喜欢你了。”说完，转身就准备离开。

听到这句话，贝贝立马放下手中的沙子，顾不得穿鞋子，哭着大叫：“妈妈，不要。”

妈妈觉得这招很好用，便把这招当成了撒手锏。以后只要贝贝耍脾气，妈妈就用“你再这样我就不喜欢你了”这句话来制止。

渐渐地，贝贝越来越听话，但是眼神也变得越来越迷惘。

案例反思

“你再不听话，我就不要你了！”

“你再这样，我们都不喜欢你了！”

这样的话，我们并不陌生。

父母说这句话的时候，往往只是在发泄自己的情绪，以满足自己的一时之快，却没有意识到这对孩子造成的伤害。

有的父母甚至认为，只要给孩子提供一个舒适的环境，陪伴在周围就是完整的爱。就算说“不喜欢你”“不爱你”也只是一时气话，孩子不会当真的。

其实不然，因为语言是思想的反映。

首先，这句话的背后意思是：“只要你服从我，我就给你爱，一旦你不服从，爱就没有了。”

这样的爱，是建立在服从的基础上，是以服从为条件的，以父母的意志为掌控的，是不稳定的。

孩子在日积月累中慢慢懂得，要想获取爱，就不能有自己的想法，只能顺从，否则随时可能失去爱。

可是，你知道吗？当爱变成筹码时，爱也变得黯然失色。

其次，父母轻易说出“不爱你”这样的话，也是情绪失控或自我发泄的表现。往往是在孩子情绪失控时，父母无能为力，进而用这样的话来平息事件。

需要引起注意的是，所有的语言暴力，都没有半点教育成分。因为我们这是在恃强凌弱，发泄自己的怒气和怨气。

最后，如果孩子长期处于一不小心就会失去父母之爱的状态下，他的安全感是受损的，会造成恐惧、低自尊的心理特质。

心理研究显示，对六岁之前的孩子[illegible]常说一些生气的话，容易使其形成消极的负面人格[illegible]自卑、内向、忧郁的心理，而且害怕与人相处。

策略与建议

父母需要懂得，在孩子的心中，父母就是他们的全世界，是他们最重要的人。父母的爱，理应是最安全的爱，千万别让这份爱变成最不安全的来源。

因此，首先，作为父母一定要意识到语言暴力的危害，用爱的方式让孩子感受到爱。

爱他，就是接纳，接纳能够让我们愉悦的优点，也要接纳暂时达不到我们期望的行为。

错误的行为的确应该及时纠正，但是应该就行为而谈行为，不可以将行为迁移、泛化至父母之爱，更不能以爱的名义来制止、限制、强迫行为。

其次，父母要学会控制情绪。情绪如猛兽，爆发只需要一瞬间。

如果你情绪失控的时候，要记录下每次情绪失控的情景和状态，反思情绪失控的原因，在下次情绪即将失控时，及时离开现场，保持冷静。

情绪平和是给孩子最好的礼物。

最后，如果你已经用这样的语言伤害到孩子，要及时给予安抚，真诚[illegible]，表达无论发生什么事情都会爱他，用语言和行动来弥补伤害，[illegible]邀请孩子一起探讨情绪控制办法，甚至给予孩子惩罚父母情绪[illegible]的权利。

最好的父母一定是无[illegible]纳孩子，永远不会让孩子感到陌生和恐惧的父母。

李玫瑾教授在一个关于未成年人心理的讲座中强调，保护孩子的前提是尊重。

家长要知道生命个体的基本权利有哪些，更要明白：

一个从小没有快乐的人，怎么会有健康阳光的心态？

一个从小没有被亲人和社会善待过的人，怎么会温情善待别人？

一个从未体验过被尊重的孩子，怎么会有自尊和自制？又怎么会尊重别人的权利和生命？

一个从来没有承担过自己责任和过错的孩子，长大后怎么会有担当？怎么去预料错误的惩罚？

成年人给了未成年人什么，他们就回报给成年人什么，所以，解决未成年人的问题，取决于成年社会的努力程度。

人生哲学

对人生而言，什么是自由？那就是在人生的时时刻刻，永远都尽可能地保有最多的选择权，是自己做自己的主。

在生活中，极少有人没被父母呵斥过。

耳熟能详的话可能就是：

“你怎么这么不懂事？”

“听大人的话，大人是为你好”……

父母要求一个孩子听话，似乎再正常不过了。而“懂事”作为一个褒义词来称赞一个人，也似乎从未被质疑过。

常常，很多父母无论发生了什么，只要孩子主动承认错误

并道歉，他们就会停止训斥。

然而，孩子可能并不真正清楚自己做错了什么，由于被打骂的恐惧让他们将内心深处的委屈隐藏起来。

久而久之，这样的模式逐渐被内化，当不确定的事情发生时，孩子第一时间会条件反射地认为一定是自己做错了事，会不自觉地因恐惧而内疚，因内疚而听话。

奥地利心理学家阿弗雷德·阿德勒（Alfred Adler）曾说："人是需要这种尽管被讨厌但还是敢于做自己的勇气，这样才可以逃脱无法做自己的羞耻感，获得真正的幸福。"

听话的孩子就是缺乏这种做自己的勇气，不能肯定自己的感受，不能坚持自己的个性，牺牲了一次次选择的权利。

如此一来，父母就会以他们认为正确的方式，理所当然地来替孩子安排人生。可是父母不知道的是，太听话的孩子，其实一生都不太快乐。

他们用尽心思让身边的人高兴，希望以此来规避心中的歉疚，却往往没有勇气表达真正的自己。

听话的孩子长大后通常会变成"老好人"，他们的"好"并非全部来自于爱，而是出于恐惧。

对每个人，每个孩子而言，什么是自由？那就是在人生的时时刻刻，永远都尽可能地保有最多的选择权，是自己做自己的主角："我"可以不够美丽、不够聪明、不够优秀，但"我"够率真，这就是"我"，是每一个经过积极感受、主动思考、自主选择、敢于承担后果的"我"！

2. “孩子，你乖才爱你！”

对孩子来说，父母的慈善的价值在于它比任何别的情感都更加可靠和值得信赖。

——伯特兰·罗素

在中国，“乖巧”似乎一直是对一个孩子最高的褒奖。父母时常用“宝宝真乖，真是个好孩子”“宝宝真听话，妈妈好爱你”这样的话来表达对孩子的称赞与亲昵。

乖巧意味着不能有自己的想法，意味着隐藏叛逆，甚至隐藏情绪，顺从父母的心意。

在父母要求乖巧的环境下，孩子会意识到，似乎唯有“乖”才有“爱”。

于是，孩子学会了掩饰和伪装，来取悦父母，获得“爱”。

这样的“爱”，戴着乖巧的面具，戴着听话的镣铐，让孩子舞得不自由，跳得不轻松。

回首我们成长的历程，才知道，我们之所以这样要求孩子，是因为我们是在“乖”的名义下被教育过来的，听话是家教的表现，不乖的孩子可能被贴上“调皮捣蛋”“我行我素”乃至“大逆不道”的标签。

然而，用乖顺换来的爱，就像在钢丝上行走一样，摇摇欲坠。

案例

心仪是一个六岁的小女孩，圆溜溜的大眼睛，乌黑的头发，像洋娃娃一样可爱。

在家里，她对父母提出的要求总是点头答应，对于父母决定的去哪里游玩、穿什么衣服、看什么电视，都不会反抗。虽然有时候也会闹脾气，也会抵触，但最终都以服从父母的意志收场。

爸爸妈妈最常对她说的一句话就是“宝贝，你真乖”“宝贝乖乖，爸爸妈妈才爱你”。

在幼儿园，她是最听老师话的孩子，从不违抗命令，老师总是夸奖她非常听话。

一天，心仪回家和妈妈说，在幼儿园她的好朋友总是不让她和别人一起玩，而且也不让她和别人分享玩具。

妈妈告诉她：“不可以这样，你要反抗，不能任人摆布，要学会拒绝别人。”

但是心仪摇摇头，说：“我不敢，这样会不会她就不喜欢我了？”

常年的“乖巧”让心仪学会了顺从，并且认为只有顺从，才能得到爱。

案例反思

在心仪的世界里，形成了这样的逻辑认知：听话才是好宝宝，好宝宝才会得到爱。反之，不听话就不是好宝宝，不是好宝宝就得不到爱。

心仪之所以形成这样的观念，是长期条件反射的结果，即父母对"听话"行为的称赞和强化→心仪对听话行为的认同→认为自己应该是个听话的孩子→认为听话才能得到父母的喜爱。为了得到父母的喜爱，也不得不听话。

而造成这样的局面，可能由于以下原因。

(1) 父母错误地传递了爱的信号。

父母的爱，是孩子安全感的第一来源。父母对孩子无条件的爱，是孩子日后形成对世界基本信任、探索世界、建立人际关系的根基。

然而"只有怎样怎样，爸爸妈妈才会爱你"这样的话语，其实是一种要求，一种框架，一种潜在的拘束，从而导致孩子形成一种恐慌。

因为在他们心里会产生这样的认知：只有自己做到父母要求的"怎样怎样"，才能感觉到安全。所以，孩子会慢慢放弃自己的所思所想，来获取父母爱的源泉。

父母一旦将爱附上条件，孩子要么义无反顾地服从条件，要么不管不顾地一意孤行。天长日久，就变成了我们口中的"乖乖女"和"小魔王"。

(2) 父母片面强化了行为的结果。

父母用"听话"来强化孩子的一切行为，那孩子的行为就向着听话靠拢。这是一种强化，也是一种暗示。用"听话"替代一切可贵的品质，也让孩子不能全面客观地认识自己，将所有行为都归因于"听话/不听话"，忽视了努力、坚持、乐观、勤奋、勇

敢等品质的发现与培养。

(3) 父母单向满足了自己的控制欲。

一般来说,听话的孩子比不听话的孩子,教养起来容易得多,因为一句"乖,听话",压制了对话的可能性。以爱的名义要求孩子听话,是用一双看似温柔的手,将孩子的思想意志扼杀在摇篮中。这样一来,孩子没有了自我,就没有了对抗和博弈,父母的控制自然来得轻松。

策略与建议

作为父母要明白,过于听话的孩子,往往缺乏安全感,适应能力差,缺乏主见,分辨不清哪些是自己的正当权利。在他成长的道路上,一直到进入社会后的人际关系中,会表现出胆怯、懦弱,害怕拒绝他人,对他人的要求有求必应,容易形成"讨好型"人格。

父母该如何行动呢?

(1) 要摒弃"听话才是好孩子"的观念,对孩子的爱不附加条件。爱他是因为"他是你的孩子",而不是因为"他做了什么事",爱他的人,而不是爱他做的事。

(2) 多方面鼓励和强化孩子的优秀品质,尤其是对孩子自主探索、主动思考之后提出的问题、引发的行为,要给予及时的、积极的肯定,让孩子明白自己的感受和意识是值得被尊重的。

(3) 要给孩子对话的空间,孩子的想法,有时可能是天马行空的,但是父母首先应该听完他们的想法,再告知自己的想法。

对于孩子一些无理取闹的行为，应该建立在双方都同意的规则的基础上来制止。

（4）不要吝啬表达“我爱你”，不仅在孩子表现好的时候要表达，在孩子沮丧或者接受批评之后，同样要表达，让孩子明白，无论何时，无论发生什么事，都有人爱着他。

人生哲学

那些自幼被父母训练成“乖孩子”的人，一旦进入社会，可能会面临更大的困境，甚至会在盲从里度过没有自我的一生。

心理学上有个名词，叫儿童期心理年龄。

具有儿童期心理年龄的人，就是身体成长发育成年以后，心理年龄仍然处于儿童期。他们最大的特点是对权威说“Yes”，根据心目中权威的标准来判断世界，而不是根据事情本身。

世界处于不停的变化之中，如果只用权威的标准来看待世界并处理问题，对世界的看法容易简单固化，显然无法在复杂的环境中独当一面。

归结成因，就会发现这类“长不大的成人”大多成长于一个充满爱的家庭环境，一般来说，他们就是父母的“乖孩子”。这些孩子通常善良、单纯、孝顺、听话、依赖。

虽然幸福人生的主动权大多掌握在他人手中，但因为乖巧，他们基本上能够受人喜欢。

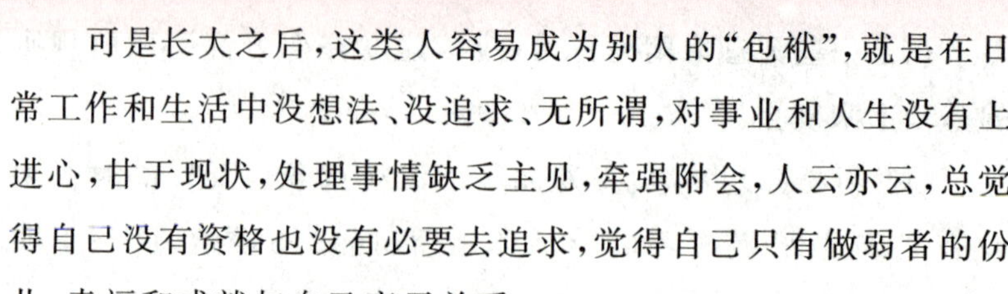

可是长大之后，这类人容易成为别人的“包袱”，就是在日常工作和生活中没想法、没追求、无所谓，对事业和人生没有上进心，甘于现状，处理事情缺乏主见，牵强附会，人云亦云，总觉得自己没有资格也没有必要去追求，觉得自己只有做弱者的份儿，幸福和成就与自己毫无关系。

在处理和别人的关系时，他们对于权威的要求和指令，容易表现为顺从和追随。对于与自己内心不认可的强大外在力量，更多地表现为忍耐和妥协，行为上表现为逃避、无奈、抱怨和麻木。他们的心灵是干涸的，思想是固结的，行为是被动的，人生幸福基本上已经远离了他们。

可以说，那些自幼被父母训练成“乖孩子”的人，一旦进入社会，可能会把各种类型的人当作“父母”，如同学、上司、同事、配偶、朋友等，并且依附于“父母”，在盲从里度过没有自我的一生。

3. “你看某某学习多好，你要是像他一样我们就高兴了！”

> 我从来不对孩子说，他比别的孩子差。
>
> ——戴维·刘易斯《教育孩子四十条》

随着一声声啼哭，一个个小生命从此呱呱坠地。

我们感慨生命的伟大与神奇，欣赏新生的粉嫩与纯洁，拥抱着这个完整而独特的生命。但是，与此同时，一个看不见的

“别人家的孩子”也出生了。

我们的孩子在健康成长，“别人家的孩子”可能长得比我们的孩子更快、更好。我们的孩子越来越大，也逐渐意识到“别人家的孩子”的存在，摆脱不了这个笼罩着的阴影。

比“别人家的孩子”好，父母就会高兴一些，所以孩子一直在追赶，以此换来父母的爱。

比“别人家的孩子”差，父母着急、焦虑、愤怒等各种情绪接踵而来，所以父母一直在养育两个孩子，一个是“自己的孩子”，另一个是“别人家的孩子”。

案例

某卫视有一档亲子沟通类的栏目，叫《少年说》，大概的内容就是孩子当着众多人的面，表达对父母的“控诉”。

有一期节目中，一个刚上初中的女孩，站在学校的天台上，面对着全校师生，大声向妈妈“吐槽”。她说她的妈妈让她很“受伤”，因为她总拿自己跟全班第一、全年级第一、全联盟第一的学霸女同学比较，每回成绩出来都拿她最差的说事，却从来看不到她的优秀和努力。

其实，这个女孩也是其他同学心目中的“别人家的孩子”，成绩优异、勇敢、乐于助人。但是她的妈妈却看不到这些闪光点，总是用更多的“别人家的孩子”来打压自己的孩子，甚至认为打压是怕她骄傲，帮助她认清自己，更好地成长。

女孩掩面而泣，认为妈妈根本不理解自己。

案例反思

比较是人类非常重要的认知方法之一，也是科学研究中常用的方法之一。在比较中，我们能够发现差异，获取新结论。

但是，人不是物体，也不是动物，因为人有自我意识，所以人与人之间的比较，容易造成对个性发展、自我知觉和自我需要的否定。

当我们总是用自己的孩子与“别人家的孩子”进行比较时，需要反思的是父母。

(1) 我们用“别人家的孩子”的烟云来笼罩自己的孩子，本意是希望通过树立榜样、设立目标来激励孩子不断进步。但是父母看的、想的、爱的只是“理想中完美的孩子”。哪怕是卢梭假想的爱弥儿，也不足以完美。何况在现实生活中有思想、有意识的孩子。

处处比较，其实是一种不接纳，不接纳孩子的不完美。或者说，是一种附带条件的接纳与爱，孩子完美了，比别人都要好，才值得去爱。否则，不值得被人爱。

(2) 父母轻易用“别人家的孩子”的优点来与自己的孩子做比较，其实是对自己家孩子不自信的表现，担心一步落后，步步落后。其实不然，爱因斯坦3岁时还不会说话，小板凳在全班做得最糟糕，但是父亲始终肯定他的努力，不拿别人家孩子的成绩来和他做比较，保护了他的自尊。

(3) 父母用孩子做比较，也可能父母缺乏恒定的价值感，

"别人家的孩子"往往不是固定的某一个人，而是随波逐流变化的。在这样的比较之下，孩子往往会丧失价值感，丧失自我判断，永远觉得自己不够好，认为自己没有被爱的资格。

策略与建议

身为父母，要知道每个孩子都是落入凡间的天使，只是很多父母缺少了发现美的眼睛。

世上没有两片完全一样的叶子，世间不可能有两个完全一样的个体。即便是克隆的动物，在遗传学上可能相同，但是在后天的驯养或生存过程中，由于环境的不同，与母体也不可能相同。

因此，每个人在世界上都是独一无二的个体。我们生活在群体中，就会产生差异，就会发现不同之处。

(1) 身为父母，要认识到每个孩子都是千差万别的，发展的顺序先后不同，擅长的领域各有千秋，要无条件地接受孩子的全部，接纳他的喜恶，接纳他的不同之处，不因与父母的要求不同或与他人的想法不同而拒绝孩子。

(2) 全面客观地认识自己的孩子，发现他的独特之处，支持他的兴趣，肯定孩子的努力和付出，注重过程，淡化结果。尤其不要将结果与"别人家的孩子"做比较，让"别人家的孩子"生活在别人家，不来打扰自己家里的生活。

(3) 如果自己的孩子非常优秀，成为"别人家的孩子"，要给孩子心理支持，警惕孩子过度的社会赞许倾向，为了维护"别人

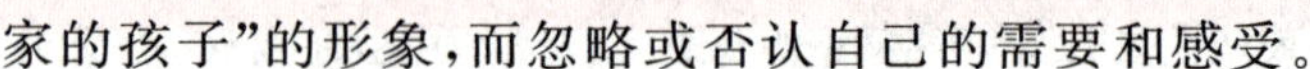

家的孩子”的形象，而忽略或否认自己的需要和感受。

还要注意鼓励孩子表达自己的感受，表达自己的真实想法，尤其需要告诉孩子，不管是不是“别人家的孩子”，只要是自己家的孩子就足矣。

（4）更要认识到拿自家孩子和其他孩子做比较的危害。对大人而言，拿自家孩子的缺点对比其他孩子的优点，甚至夸大自家孩子的缺点，神化其他孩子的优点，会产生一种很奇特的效果：越比较，内心越痛苦；越痛苦，越指责孩子；越指责孩子，孩子的不足越加剧。

这种“负强化”的结果：孩子的缺点会因此慢慢“固化”下来，成为“痼疾”。对孩子而言，会像锯木头的锯子一样挫伤孩子的自尊、自信，久而久之，形成孩子处处不如人的自卑，不被父母所爱的孤独和落寞。这种阴影如影随形，伴随孩子一生。

人生哲学

就人生状态而言，但凡喜欢拿自己的孩子与“别人家的孩子”比较的父母，可能有着自己不满意的人生。

生活中，为什么很多父母喜欢拿自己的孩子同“别人家的孩子”做比较，且常常怒气冲冲呢？

潜在心理是希望自己的孩子能够出人头地，各方面都出类拔萃。让孩子通过比较看到自己的不足，能够“知耻而后勇”，以此来激励孩子的竞争意识和进取心。

同时，也有一种父母内心深处害怕自己不如人，于是将孩子当成炫耀的资本，以此来证明自己的价值。

另外，是由社会大背景、大环境所致。全社会倾向于追名逐利，让几乎每个人都在不知不觉中和别人暗暗比较那些外在的、表面的“拥有”：房子、车子、票子、孩子……哪一样比不上别人，心里都会难受，尤其是孩子，一旦觉得孩子不争气，不如“别人家的孩子”，心里比猫抓还不是滋味。

王小波说：“人的一切痛苦，本质上都是对自己无能的愤怒。”

沉思一下这句话，真是深刻。但凡喜欢拿自己的孩子与“别人家的孩子”做比较的父母，可能有着自己不满意的人生，对生活、工作、地位、自我实现等，都不甚满意，期望从孩子身上弥补这种价值失落感。

做父母的往往不清楚，这种焦虑是属于自己本身的，如果你不能意识到，就会把这种焦虑转移到孩子身上，让尚不知世事的孩子承担不属于他们的压力，影响他们的身心健康。

如果你是这样的父母该怎么办？

心理学家阿弗雷德·阿德勒在《自卑与超越》一书中认为，每个人由于出生时需要依赖他人而生存，都有与生俱来的、不同程度的自卑感。为不断超越这样的自卑感，需要采取行动将自己从这种紧张的程度中解放出来。阿德勒认为通过“合作”，可以将自卑感转化为奋发向上的动力，不断追求优越，就像《和你自己赛跑的人》歌词中所唱的那样：

“生命的意义不在于赢过别人，而在于超越自己。”

4. “只要你好好学习，你要什么就给什么！”

在孩子心目中，梦想远远高于任何物质财富。保护孩子的梦想，实际上就是在保护孩子的未来。

——斯特娜夫人

在当下中国，几乎没有哪家父母不重视孩子的学习成绩。学习成绩被当作一个用来衡量自己，也衡量他人的量化指标，处处通用。

这是因为中国的教育制度尚处于不完善阶段，对每个人的受教育成功程度的认可还不够宽泛，基本停留在学习成绩上。很多家长都把学习成绩好看作是成功的跳板，而分数高低则是决定这个跳板的高度，跳板越高跳出就越远。

说白了，不是因为学习成绩本身被看重，而是因为它被设计成了用来衡量我们所看重的东西的标准。除了学习成绩，我们几乎忽视了孩子的其他方面。

于是，孩子的学习成绩成为万众瞩目的焦点，家长和孩子目光如炬，盯着的都是学习成绩，造成一种似乎“成绩就是一个人的未来的体现”的万众心理。

父母对于孩子，学校对于孩子，学习成绩被赋予了太多的意义。一如民间的俗语“一白遮百丑”，学习成绩好可以一好百好，前途一片光明；学习成绩不好，可能被贴上“没出息”的标签。

更有许多家长互相攀比，无底线地对孩子施压，使得学习成绩成为一座大山，压在孩子身上和心上。只要能让孩子好好学习，家长心甘情愿付出。甚至一些家长许诺孩子，只要好好学习，要什么就给什么。

案例

小凯是一个十岁的小男孩，健康活泼，聪明伶俐。像许多小男孩一样，小凯喜欢踢足球和小汽车。

父母经常以答应买礼物或出去游玩作为条件，要求小凯好好学习，告诉他："只要你好好学习，你要什么我们就给什么。"

因为父母将学习成绩看得太重，一切为了学习，小凯自从入学后，逐渐开始有心理负担。如果考试成绩优异，父母总是答应更多的奖励；反之，便是一片乌云，面对的则是父母的唠叨。

渐渐地，学习成了小凯的负担。当小凯的成绩连续下滑时，父母便停了他的娱乐时间。

苦恼的小凯坐在桌子前发呆，不明白父母是不是真的爱他。

案例反思

孩子学习成绩的好坏，时刻牵动父母的心。父母要求孩子好好学习，无可厚非，但是如果处处以学习好为条件，给予物质和精神上的爱，就会有些变味。

(1) 教育的终极目标是培养全面发展的人，是为了人格的完善和人性的发展。学习，更确切地说学校学习成绩，只是智育的体现，除了智力，情绪、人际交往、品质品格等，也是个体日后生活中至关重要的特质。

用成绩替代教育，用成绩作为对待孩子的态度，无疑在父母与子女之间架起了一条横沟，因为父母看到的和所爱的，不是孩子本身，而是孩子的成绩。孩子成了学习的工具，也沦为爱的副产品。

(2) 孩子学习的意义并不在于成绩本身，学习是一种探究，是一种方法和过程。父母对于学习结果的过度关注，只会造成孩子对结果的过于紧张，忽略了过程中的努力。为了避免失败，孩子可能会逃避尝试，容易造成胆小、怯懦、退缩、回避、自我效能感低的不良心理。

(3) 如果父母以成绩作为爱的条件，成绩好则满足一切愿望，看似激励孩子的进步，实则让孩子的环境更加真空，抗压能力更加脆弱，索取欲望更加强烈。

这种情形下的孩子可能会认为，只要我成绩好，父母的给予都是应该的，往往对父母缺乏尊重、感恩等情感和品质。

策略与建议

没有一个孩子不会长大，没有一个孩子会一辈子把成绩背在身上。

因此，父母最无私的爱，是教会孩子如何成为自己。

该如何行动呢？

（1）父母要坚定育人的目标。杨绛的父亲曾经说过“教育孩子独立，胜过当第一”。爱因斯坦认为教育的目标应该是“培养有独立行动和独立思考的个人，把为社会服务看作是自己人生的最高目的”。

（2）作为父母要认识到，学习是一种途径，而不是全部；成绩是一种过程，而不是结果。父母对孩子学习的重视，更应该转移到学习过程中，注重在学习过程中展示出来的意志品质。

需要提醒的是，父母应当参与孩子的学习，而不是做一个要求者和旁观者。参与不是提出要求，更不是要求达到后的满足，而是参与学习过程，如学习方法探讨、学习困难分析、学习成就分享等。

（3）父母不能以任何学习结果作为爱给予的条件，不能因为结果不同而决定爱或者不爱。给予奖励并不等同于爱，孩子更需要的是失望时的帮助和安慰。

哪怕是一塌糊涂，父母也要坚定地告诉孩子，爸爸妈妈会始终在他身边，相信他下一次会继续努力。

此外，即便是因为孩子学习成绩好，他要什么就能给什么吗？要什么就给什么，真的能让孩子快乐吗？

卢梭曾经在《爱弥尔》一书中一针见血地说：“你了解什么办法可以让你的孩子痛苦吗？那就是，让他想要什么就有什么。他得到的越多，想要的也就越多，迟早有一天，你不得不拒绝他，这种意料不到的拒绝，对他的伤害，远远大过他不曾得到过满足的伤害。”

人生哲学

对每个人而言，由自恋本质而引起的虚荣心，会拉低人的认知水平，让你在错误的行动中越走越远。

心理学上认为，自恋需求是人的本质需求之一。当一个人过度自恋时，就会夸大自我价值感，认为自己比周围的人都完美。在日常生活中表现出来的就是，只有我觉得我比你强、我高过你，我才会自在、舒服。

过度自恋也会产生强烈的虚荣心。

在人类的“集体潜意识”中，虚荣心人人皆有。它最初的样子是自尊心，不加控制变本加厉之后，就会扭曲为虚荣心，成为一种追求虚表、永无止境的性格缺陷。表现在行为上，主要是不愿意承认自己的不足，盲目攀比，好大喜功，过分看重别人的评价，喜欢自我表现，嫉妒心强，把自己的荣誉要求强加于人等。

由此，当父母认为自己的孩子成绩比不上“别人家的孩子”，就会不自觉地脑补别人对自己的贬低，产生“欠缺”的虚幻心理，虚荣心便开始膨胀。

于是，为了让孩子取得好成绩，父母几乎不惜代价，威逼利诱各种招数都使上了。“只要你好好学习，你要什么就给什么！”看上去好像是一种利诱，可是仔细想想又何尝不是一种威逼？

在这种语言的背后，父母在心理上是在期望不择手段，努力使孩子（实际上是自己）比别人强。孩子取得父母想要的结果后，父母在“超越别人”的胜利中获得快乐与满足。

但是，当受条件所限，无法使孩子（自己）比别人强时，这时候的父母，就会在“不如别人”的旋涡里感受折磨与痛苦。痛苦了，就会转化为逼迫孩子，驱赶孩子，折腾孩子。

这样一来，父母自己活得很累，带着孩子活得也累，因为这时候自己是生活在极度的自信和极度的自卑之间，没有中间地带，不能客观地认识自己与他人，不能正确地看待优点与不足，只是想尽办法、不惜一切代价地来吸引周围人的注意，正所谓“死要面子活受罪”。

为人父母，在逼迫孩子超过别人时一定要警惕，勿让虚荣心在助推你攀比的同时，掉进精神与行动的泥沼；勿让虚荣心在拉低你的认知的同时，让你在错误的行动中越走越远，害了孩子也害了自己。

5. “咋才考这点分？最少该上 750 吧！”

孩子的世界，与成人截然不同，一味蛮管，就大碍孩子的发展。

——鲁迅《坟》

有一种社会学观点认为，每隔五年出生的人即为一代。无论是“80 后”“85 后”，还是现在热门的“90 后”“95 后”以及

“00后”的标签，都是代际分野。

新一代人更爱新鲜，并非偶然。因为，面对老一辈的话语权力，得寻找对抗的同等武器——以此逃避成长的阴影，寻找自我，新风尚由此而起。

视角展开十年、二十年、三十年的长度，可发现世事轮回的印记。老一辈并非不想尝试新思想、新生活，而是生活状态固化，圈子固定，再没更新的兴致。

当下，“80后”已经结婚生子，更关注世俗生活。“90后”有的也已成家，有的则为了读书长见识。“00后”有的天真烂漫，最大的已经超过二十岁，也已成年。

人生代代，江月年年，谁也难逃代际的“轮回”。

美国人类学家M.米德于20世纪60年代在她的著作《代沟》里提出了“代沟”一词，广义是指年轻一代与老一代在思想方法、价值观念、生活态度、兴趣爱好等方面存在的心理距离或心理隔阂。狭义是指父母子女之间的心理差距或心理隔阂。

由于年龄不同、经历不同、环境不同，因而思考方式、文化流变、审美观念也不相同，年轻人对事业、友谊、爱情和人生充满了追求。而父母都是过来人有着自己的理解，在两种方式之间产生了差异，如果沟通不畅就会产生矛盾，增加误解和隔膜。

案例

曾经有个笑话在网上流传，是年轻人委婉批评妈妈是多么喜欢控制孩子的。

8点，我妈说："成天玩电脑不知道出去转转去！"

9点，转回来。我妈说："转这么久，就知道在外面瞎转，不知道在家老老实实待会儿！"

当我决定住校时，我妈说："就你还住校，老老实实待在家里吧！"

当我决定不住校时，我妈说："就你这样子以后出去咋办？就怕吃苦。"

这周当我决定回家时，我妈说："不在学校好好学习，整天往家跑。"

这周当我决定不回家时，我妈说："又不回家，真是出去上个学就知道玩儿，玩儿野了！"

当我在家玩电脑时，我妈说："一天到晚就知道趴在电脑桌上，不知道去看看电视新闻什么的。"

当我在家看电视新闻时，我妈说："一天到晚就知道趴在电视机前，不知道去看看什么名著之类的书去。"

当我在家看名著之类的书时，我妈说："一天到晚就知道躺在床上看书，也不看点有用的，你不知道学习学习英语啊。"

当我在家预习英语时，我妈说："成天抱本英语书看，我说你是不是学成书呆子了，有时间出去玩玩嘛。"

当我出去玩玩时。我妈说："一天到晚就知道在外面疯玩，这么热的天在家打打电脑什么的不好吗？"

第一次月考后，我妈说："咋才考这点分？最少该上550吧。"

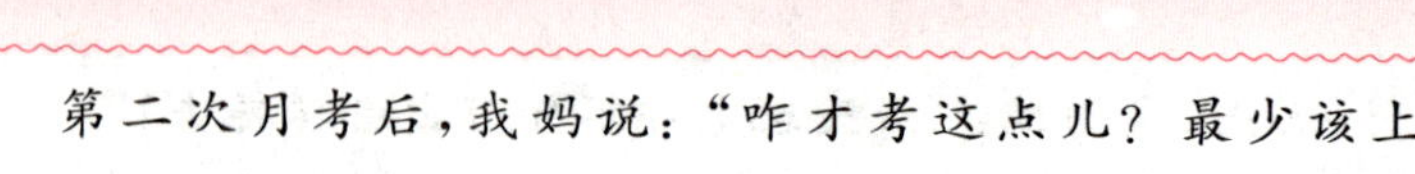

第二次月考后，我妈说：“咋才考这点儿？最少该上600吧。”

第三次月考后，我妈说：“咋才考这点儿？最少该上650吧。”

第四次月考后，我妈说：“咋才考这点儿？最少该上700吧。”

第N次月考后，我妈说：“咋才考这点儿？最少该上750吧。”

“妈，满分750！”

案例反思

由这个幽默搞笑的小段子，我不禁联想到了豆瓣上“80后”子女对“50后”父母的投诉。

比如，“他们很专制”。

“50后”父母已习惯于生活、就业、房子统统由国家有计划地安排好，也就习惯性地想为下一代安排好一切。

有一个女孩子是某名校新闻系本科生，父母均是某省教育系统官员，为女儿铺好从幼儿园到念研究生，甚至就业的路，对女儿越来越减少回家的次数，尤其对其试图脱离安排，感到失望和不解。

在他们看来，对女儿的爱，就是为她的未来铺平道路；而在女儿眼中，爱即放手，因为“他们的时代已经过去了”。

在“50后”父母和“80后”子女中，子女读什么样的学校，交什么样的朋友，做什么样的工作，跟什么样的人谈恋爱……人生中的每一步都会带着父母的强力干涉，甚至有人感觉自己就是一个被父母控制的木偶，过的只是他们想要的生活而已。

而父母则觉得一切都因为自己爱子女，“天下无不是的父母”是他们的口头禅。

又如，“他们很虚伪”。

有一个大学毕业后进入私企的年轻人，父母利用假期，或者打电话的机会，嘱咐他要和领导处好关系，尤其是逢年过节时，非要让他带上家里的土特产，给领导送点礼品。

尽管他一再告诉父母在公司搞这一套是自毁前程，但父母仍然将信将疑，觉得是他不成熟、不开窍。

许多“50后”的父母，从小开始就教育“80后”的子女，应该怎样怎样，并强调这是自己的社会经验，是受了很多教训得来的，仿佛子女要是不按照自己说的去做，就一定会吃亏。

可偏偏这些做法让子女觉得他们很虚伪，孩子们更愿意坦坦荡荡地做人，为何要去钻营。

策略与建议

优秀的父母该怎么做？

正常人的一生，大多是循着家庭、学校、求职、成家等这样的轨迹成长。

发达的市场经济，必然是发达的诚信社会，不管什么文化下都是一种必然。

当“80后”长大进入社会时，市场经济和现代企业管理制度要求的诚实守信、正直尽责等，已经在一定范围内颇成主流。“80后”的“管理学”和“50后”父辈们的“关系学”截然对立，“公司人”和“单位人”必然格格不入。

要想弥合这两代人的巨大差距和鸿沟，首先需要父母和子女两代人的共同认知，“代沟”一直存在，这是普遍存在，不必过于惊异其存在。

其次，要站在时代角度审视，正视当前中国社会转型的历史艰难和社会焦灼。

每一个家庭的问题，其实都是社会问题的缩影和微小化。

最后，在这个维度上，重视“80后”“90后”在夹缝中生长的诉求。而代际问题背后的社会悲剧和价值冲突，就不仅是一个公民私领域的话题，而是关系社会的总体进步和价值观变革。

还是那句话：“反对不是目的，而是一种积极手段，为的是个人向社会化进一步发展，达到自身素质的完善。”

人生哲学

人的情感与行动关系之微妙在于：爱之深，责之切。

人有一种情感和心理特质：当爱一个人到了很深的程度时，对于这个人他（她）就会很关注，会有很高的要求。如果当这个人出现错误或不足时，对他（她）的责怪就会加重，因为那是在为他（她）好。

爱，会产生密切关注，乃至一言一行，一举一动。同时，期望他(她)好,什么都好。

在家庭中,在其他亲密关系中,一般是长辈对晚辈,即使你犯了一点儿错误,他们都会责备你。只因为,他怕你误入歧途。因为爱,所以对你牵肠挂肚,不想你做不好的事,时时处处,各个方面。

做父母的都一定还记得,小时候,父母也是管教我们很严的,稍做得不好就会受到批评,为此,我们也会对父母产生不满。

事情过后,爸爸或者妈妈,有时会语重心长地对我们说:“换了别人,有谁会说你那么多?正因为你是我们的孩子,为了你好,我们必须对你严格要求,等以后你长大了就会明白了。”

后来我们长大了,明白了当时父母严于管教背后的一片苦心。喜爱一个人,真心为他好,就会希望通过严格对待他而让他更好地成长或是变得更优秀。的确,爱之深,责之切。

也正因为那是在为我们好,在责备的时候才会带有一丝亲切,父母的心中,都是不忍心责骂自己孩子的,责骂不是目的,只是爱的表达方式之一。

慢慢地,无论是对待人还是对待事物,越是深深地爱着,就越是苛刻地要求完美无缺。

只是父母们要切记:爱之深,责之切。爱之深,要用孩子愿意接受的方式去爱;责之切,要用科学合理的方式去责;千万别陷入唠叨、控制的泥潭中,把孩子变成任由自己抽打,然后不停旋转的陀螺,失去自我,身不由己。

二、包办替代的爱

有这样一个故事。

一位老渔翁住在一个小岛上，善良而慈悲。他爱周围所有的生命，花鸟虫鱼，飞禽走兽。即便是房子周围树林里的小松鼠，他都呵护有加。一有空，他就坐在门口的那块大石板上，手里拿着一袋面包屑等那几只早已熟悉他的小松鼠的到来。

一年秋天，岛上飞来了一群天鹅，它们从北方飞来，准备去南方过冬。老渔翁太喜悦了，因为在他的意念里，天鹅美丽优雅，是上帝赐给人间的礼物。于是，他不仅拿出家里的饲料给天鹅吃，还去海里捕捞小鱼喂天鹅。

每一天，小岛上的居民在朝阳升起的时候，晚霞满天的时候，都能看到这个老渔民和天鹅在一起的身影，天鹅欢快的叫声和老渔翁脸上灿烂的笑容，成了小岛上最美的风景。

一天天过去了，天鹅逐渐和老渔翁熟悉起来，亲近起来。秋末，天鹅没有飞去南方过冬；冬天来了，天鹅还是没有离开小岛。它们被老渔翁宠溺惯了，不再想飞翔，不再按照季节迁徙了。

雪花飘飘的时候，小岛一片严寒，老渔翁心疼天鹅，就敞开自己的茅屋，让天鹅住进屋里来取暖过冬。

就这样，年复一年，老渔翁奉献着自己的爱心，把天鹅当作亲生孩子。天鹅依依不舍，围拢在老渔翁身旁，悠闲度日。

可是，老渔翁最后去世了。

这年冬天，天鹅还是没有离开。严寒时节，天鹅因为没了老渔翁的照顾，又不知去何处觅食，最后都被冻死、饿死了。

因此，爱，必须有原则、有度。超过这个度，就是溺爱。

对人而言，家长的溺爱有毒，这个毒就在于会不知不觉中摧毁孩子，折断他们的翅膀，泯灭他们的生命活力。

身为父母，你如果纵容孩子，让孩子得到的只是一时的快乐，失去的却是余生的安全和幸福。

1. “孩子太小，还是我来吧！”

你以为使孩子喜欢或不喜欢的事物，绝不是孩子真正喜欢或不喜欢的。

——罗曼·罗兰

“上帝不能无处不在，因此他创造了母亲。”这是一句犹太谚语。

女子本弱，为母则强。真正强大的母亲，不仅在于外在行为努力进取，不落人后，还在于坚忍不拔、矢志不移追求人生意义的内心，更在于怎样对待自己的儿女。

把儿女当作独立的个体，鼓励他们保有诗意和梦想，激励他们尽力超越现实的束缚，海阔凭鱼跃，天高任鸟飞，授之以渔，而非授之以鱼。

所谓独立的儿女，就是既能世俗红尘烟火，又能神鹰掣鞲，天马抛栈，壮士无死地，英雄轻故乡。

一个优秀母亲对后代的卓越影响，绝不止一代人。

看看生活中那些言行恶俗、粗野不堪的儿女，有几个不是自幼年起就缺少善良、温婉、正义的教育与呵护，深受恶母、弱母之害？

在中国，随着多年计划生育政策的实施，加上子女教育的高企，越来越多的家庭结构变成倒金字塔形，即“4＋2＋1”。对于全家唯一的孩子，不知怎么爱才好，疼之，惜之，爱之，捧在手心怕飞了，含在嘴里怕化了。

于是，无数的父母开始无休止地包办孩子的生活起居，无原则地满足孩子的一切要求。很多家长宁可自己受罪受累、吃苦牺牲，也舍不得孩子动手，担心孩子吃亏受委屈。

在很多人看来，父母这是无私的爱。可实际上，这是一种有毒的爱。

案例

一次，和一个做儿科医生的朋友聊天。

说到现在的家长，她说，你不知道有些家长有多包办孩子，甚至到了变态的程度。面对这群家长深感压力太大，同事们真的受不了，能转行的就转行了。

一次值班，一个三岁的孩子感冒，陪同前来的家属，大大小小有六个人。其实这孩子只是一般的感冒。按照常规，她开了化验单，需要给孩子验血。这时候，雷人的一幕出现了——

孩子奶奶一伸胳膊说：孩子太小，还是我来吧，抽我的血，我也感冒了，病毒应该都是一样的。

在场的医生和护士都有点发蒙。后来好说歹说，这家人才同意给孩子验血。验血的时候，一家人如临大敌，六双眼睛齐刷刷盯着孩子，盯着抽血的护士，人人都发话恳求：护士慢点，护士轻点，孩子小，受不了疼啊！

案例反思

在这个看似荒诞的案例中，可以看到父母、长辈是如何无休止地包办孩子的生活的。

孩子生病，医生进行正规的检查，是一件极其平常的事情。但我们却看到父母、家人的过度关心，放大了很多小事情，以至于闹出近乎荒诞的笑话来。

在日常生活中，有无数的家长重复着共同的口头禅："孩子小，我来！"然后做很多下意识的事情：

比如早上负责叫醒上学的孩子，为他们挑选要穿的衣服，端好饭菜，收拾书包；替孩子做作业，把作业录入电脑，做手工制品；把孩子忘带的作业或学具、水壶等送到学校；当孩子迟到或逃课时，对老师撒谎；当孩子的作业、课外活动很多时，觉得孩子可怜，就把孩子的一切事情都包了；当孩子和同学发生冲突时，出面来处理一切。

美国儿童心理学家、教育家鲁道夫·德雷克斯说："膝盖受伤要好过勇气受挫。受伤的膝盖可以康复，但受挫的勇气会持续终生。"

在人的成长过程中，父母凡事都取而代之的结果，是让孩子缺乏很多至关重要的亲身经验，心智和能力都无法和身体一起成长，因此长大后就难以适应社会。

生活中的每一个细节、每一种生活技能，包括各种各样的挫折和失败，都是孩子最好的实践和学习。正是在不断学习、尝试、实践、修正、提高等过程中，每个孩子才会一步步成长起来。

随着孩子年龄由小到大，由初级行为向高级行为过渡，在不断尝试与纠错中逐渐提升，成为有正常行为能力的社会人。而太多的包办代替，则阻断或削弱了孩子在实践中发展行为储备的机会和空间，让孩子成为脱离社会的低能儿。

案例中孩子的家长被糊涂的爱弄昏了头脑，已经忘记了无论自己怎么付出，都无法代替孩子。父母不能代替孩子看病，也不能代替孩子读书，更不能代替孩子未来的生活。

策略与建议

父母之所以会包办孩子的许多事情，是因为被潜意识中的恐惧、担心、内疚或羞愧感驱使。

因为对孩子面对生活的能力信心不足，产生不自觉的介入行动。当父母出面替代孩子的时候，没有想到他们实际上是在悬空孩子的生存空间，弱化孩子的生存能力。

教育学上有个理念叫以“包办”转变为“赋能”，说的就是赋予孩子内在力量，培养孩子“我能”的积极心态。

赋能，顾名思义，即赋予能力或能量，它最早出现在积极心理学中，旨在通过言行、态度、环境的改变给予他人正能量，以最大限度地发挥个人才智和潜能。赋能是双向的，它包括了自我赋能和赋能予他人。

自我赋能是每个个体的自我驱动、自我激励、自我升华；而父母对孩子的赋能，就是赋予孩子自我行动的思想，积极尝试的愿望，自我拿主意的权利，主动去做的态度，勇敢大胆的行动，以及心情愉悦的氛围，以充分发挥孩子的个人才智和潜能。

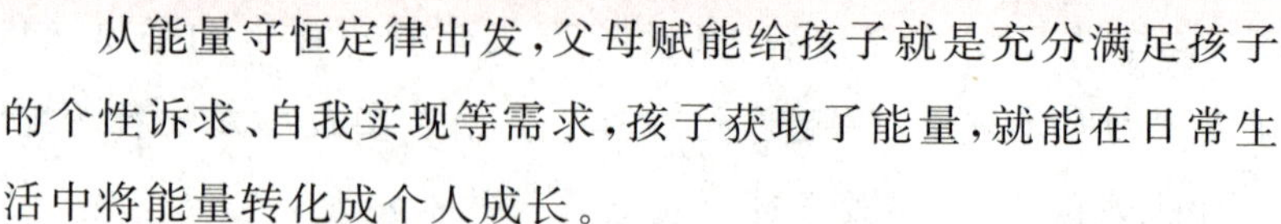

从能量守恒定律出发，父母赋能给孩子就是充分满足孩子的个性诉求、自我实现等需求，孩子获取了能量，就能在日常生活中将能量转化成个人成长。

因为赋能对孩子而言更多的是一种释放和体验；短时间内，赋能看不出明显的效果，但是将在孩子成长之中乃至长大后的一生起到重大作用。

所以，智慧父母的具体做法应该是：倾听孩子的想法、意愿，给孩子情感支持和认可以及方式方法上的指导和帮助；通过和孩子一起解决问题的过程，与孩子达成一致；放手让孩子自我选择，自我学习，自我实施。

比如，让孩子慢慢学会自己洗衣服、做饭、打扫卫生、去超市购物、去医院看病、设计出行路线等；对孩子明确哪些是孩子自己的事情，必须独立做的事情，必须自己解决的难题等；和孩子一起讨论家庭发展规划，学习提升计划，事业发展愿景；支持孩子独立安排自己的零用钱、独立参与同学聚会、社团活动等。

在孩子遇到挫折时，和孩子一起总结经验教训；在孩子遇到失败时，以平等和尊重的态度，告诉孩子自己的想法、感受和希望，和孩子共同面对并妥善处理。

人生哲学

就一个人的成长而言，如果孩子的兴趣和热情一开始就得到顺利发展，大多数孩子将会成为英才或天才。

日本儿童早期教育的鼻祖木村久一，是日本著名的心理学家、教育学家。他一生致力于儿童早期教育与智力开发研究，日本皇室为他授勋时盛赞道：“木村先生成功提升了一代日本国民的素质。”他最有影响力的经典著作《早期教育与天才》曾在日本掀起了前所未有的早教风暴，成为日本最早、最完全、最详尽的早期教育的理论集大成，也被全世界奉为家庭教育“圣经”。

其中，他的一个最著名的早期教育观点是：如果孩子的兴趣和热情一开始就得到顺利发展，那么大多数孩子将会成为英才或天才。

有时候，我们试图思考一些更深刻的问题：人和其他动物相比，最大的不同是什么？最大的相同又是什么？

顺着这两个问题，我们可能会发现人生的两大使命。

人和其他动物相比最大的不同点就是：一万年前的蚂蚁怎么活，它们今天怎么活；一万年前的猴子怎么活，它们今天同样怎么活。

可是，一万年前的人类还在用石器和木棒，今天的我们拥有了住房、汽车、计算机、宇宙飞船等，在各个方面的生活方式都发生了天翻地覆的进步与飞跃。

为什么其他动物一万年来还是那样活着？为什么人类会有天翻地覆的飞跃？原因就在于，人类通过工作和事业创造着世界，每个人都从世界上获得必要的资源使自己成长，又为这个世界做出自己的贡献。

许多人的贡献大于获取，于是他们为世界创造了盈余，一

万年以来这些盈余的总和便构成了世界的进步。

而人和其他动物相比最大的相同点就是：传承生命。所有延续至今的动物，最大的相同点就是传承生命，没有生命的传承，这个物种便会灭绝。

人通过家庭来传承生命，因此，越是幸福的家庭，所传承的生命得到的滋养越多，生命就越加强有力。

这就揭示出人生的两个使命：人是创造者，他们通过工作和事业来创造世界，通过生活与家庭来创造生命。缺少任何一个方面的创造，都是不完整的创造。因为，从另一个意义来说，生命的创造代表着延续未来，没有这个创造就没有未来。

当两个创造完成的时候，才会有事业与家庭双丰收的人生。

而这一切，在遇到凡事喜欢包办的父母时，必然会遭到重创。把"孩子太小，还是我来吧"这样的口头禅挂在嘴边的父母，就是一种过度抚养，强迫关怀，就是把孩子引以为豪的"工作和事业"阻断在摇篮。

做父母的必须清楚，当父母过度介入孩子的生活，在孩子上空盘旋、不肯撤退，在降低孩子自身的免疫力、自理能力和适应力的同时，也在破坏着孩子的独立性、坚韧性、耐苦性和艰难意识，隔断了孩子作为一个生命个体而具有的生命力。

一个人事业的开端和生活的延续都是从孩童时期的跌跌撞撞、摸学尝试中开始的。

孩童时期，父母是孩童的脚手架，在一旁静静驻守，适时给一把力，其余的"事业与生活"，放手由孩子自己去搭建。

在爱的名义下，如果家长一开始就剥夺和阻碍孩子的兴趣和热情，就会把大多数孩子扼杀在成长的摇篮中。家长们付出了辛苦代价，却收获了弱能且抱怨的孩子。

2. “我的孩子还小，不懂事很正常！”

你知道用什么办法准能使你的孩子得到痛苦吗？这个办法就是：百依百顺。

——卢梭

坊间有一个很接地气的让人哭笑不得的说法，就是所谓中国有著名的“四大宽容”定律：

“人都死了，还说什么！”

“来都来了，还能怎样！”

“大过年的，随他吧。”

“孩子还小，别放心上。”

孩子在地铁上打扰别人，父母说“孩子还小，不懂事，大人不要和他一般见识”。

孩子在饭店打扰别人，父母会说“孩子还小，不懂事，请不要跟他计较”。

孩子在电影院打扰别人，父母还是可以说“孩子还小，不懂事，不要和他斤斤计较”……

话里话外，年龄成了家长嘴里的万能护身符，没有什么事情不是一句“孩子还小”不能解决的。

不仅对外人如此，对家里人也用“孩子还小，不懂事很正常”来保护孩子。

孩子稍有不如意就会大哭大闹，甚至和爸爸妈妈、爷爷奶奶上演“全武行”，但纵容孩子的父母拿出了百依百顺的态度和万能的理由保护他，孩子变成了百分之百“熊孩子”，这真的是爱孩子的好方式吗？

案例

四十多岁的王先生有一个六岁的儿子，他和老婆都特别宠爱孩子，捧在手里怕掉了，含在口里怕化了。只要是儿子想要的东西，王先生都尽量满足他。

前不久，孩子要上学了，王先生专门请求老师，说自家孩子有点暴躁，希望老师们能顺着他，让着点孩子，不要责备他。

老师感到特别奇怪，问他孩子的脾气有多大？王先生说，其实还是蛮乖巧，只是因为还小，我们就不忍心约束他，所以孩子有点不听话，有时甚至会对父母大喊大叫。现在上学，没有父母在身边，希望老师能多照顾点。

老师心想一个班里这么多孩子，专门优待一个学生很容易引发纠纷，并且现在都是独生子女，有点小脾气是正常的，这个年龄应该不会在班级中造成什么恶劣影响。

谁知没过不久，这位老师就叫苦不迭，最后只能建议王先生把孩子送到专门的贵族学校去。

因为这个孩子到现在还没有学会基本生活技能，不仅一直需要照顾，还觉得不满意，一直都在发火、号啕大哭，还喜欢动手打人，不能沾、不能碰，班级里没有一个孩子喜欢他。

所有人都不开心，孩子也很“无辜”，他是怎么成了一个让别人不能理解的、不懂事的孩子呢？

案例反思

家长宠爱孩子，总是把自家的孩子往好处想；孩子年龄小，是非对错观念不清晰，都是无可指责的。孩子小，不懂事，或许可以成为原谅的借口，可是家长也不懂事吗？

作为父母你知道吗？对孩子百依百顺的溺爱纵容，并不能真的帮助孩子成长。

首先，父母出于对孩子的爱，总是想给孩子最好的照顾和关怀，甚至会不顾实际情况，要求别人也能做到这些。却没有反思自己会不会把别人家的孩子，当成自己的孩子那样照顾。“老吾老，以及人之老，幼吾幼，以及人之幼”，这样大同社会的理想总是和现实存在差距。父母觉得自己的孩子还小，应该被原谅，但别人很难这么认为。

其次，孩子享受着父母的纵容，耳濡目染之下会觉得这是一种自然的事情。全世界人都应该围着自己转，宠爱自己，稍不如意就会激起孩子不知分寸的抗议。以后孩子长大，也会面临着融入校园或者社会的难题。

最后，父母认为孩子还小，不懂事是正常的想法，很容易发展为，成人就不应该和孩子计较。很容易让孩子成长为熊孩子，而关于熊孩子破坏力的负面报道从未间断。

而且，小时候舍不得管教，很可能造成要为孩子长大以后的行为埋单。父母本来是为了推脱孩子责任，是在保护孩子的，反而造成了对孩子的伤害。

李玫瑾教授有一个关于未成年人心理的讲座，其中对儿童问题的见解深刻而质朴，值得家长们深思。她说：

第一，人的心理发展有顺序性，行为问题的表现有滞后性。任何生命都有过程，任何过程都有开始，生命的发展是轨迹式：早期0～6岁，形成问题；6～12岁，潜伏期；12～18岁，行为表现。

第二，未成年人是被动弱者，这决定了"他的一生是身边成年人造成的"，抚养人对被抚养人有生命决定权、物质提供权、照顾程度权和个性决定权。

那些任性、乖戾甚至作恶的孩子的"我"是怎么来的？

"我"的胃口，是喂出来的；

"我"的脾气，是带出来的；

"我"的观念，是唠叨来的；

"我"的残忍，是孤弱无助熬出来的；

"我"的自私无耻，是百般迁就溺出来的。

即使孩子离家出走，自杀，看似是孩子的选择，其实是父母行为的结果。

第三，人性的教育大于智力教育。生存教育应该大于精华教育，如果聪明用来作恶其危害更大。

第四，性格才真正决定命运，性格是人后天形成的社会行为方式。智力、分数、学历固然重要，但成功的人，一定是有责任，能合作的人；有自制，能付出的人；而合作、责任、自制、付出，均为性格。

策略与建议

只要我们用心观察、了解，就会发现每一个“熊孩子”的背后都是“熊家长”。

不懂事的孩子是无辜的，但不能因为家长的因素让孩子越来越“小”，越来越不懂事，让孩子的心智不能随着身体成长。

首先，家长要认识到教育孩子必须从小做起的正当性。不以恶小而为之，今天一时的纵容包庇，可能造成孩子以后的苦难。放弃“他只是个孩子”的万能借口，学着管教自己的孩子。

其次，家长还要认识到教育孩子必须从小抓起的重要性。俗话说，三岁看大，七岁看老。教育孩子无小事，成人的教养很多都是小时候培养的。人生成长就像是盖房子，初始是一片空地，孩童时期是奠定地基，决定以后建筑的稳固程度和高度。我们都能理解基础的重要性，为什么在孩子成长方面反而忽视了呢？

最后，家长要学会尊重孩子，把孩子作为同样需要各种约束的独立个体。他还只是个孩子，所以你不应该计较他的不懂事——这句话的潜台词是：成人是社会人，可以用道德法律来约束；但孩子不能用这些约束，他们还不能被称为“人”，只是家长的“玩物”，“昂贵易碎的玩物”。

只有把孩子真正当作一个“人”，为自己的所作所为勇于承担，才能担当起自己应有的责任和义务。

人生哲学

每一个人的幼小时期都是被动弱者，这决定了他的很多习性和人格都是身边成年人造成的。

明朝冯梦龙的《古今笑》中记录了一个故事：“翠鸟先高作巢以避患。及生子，爱之，恐坠，稍下作巢。子长羽毛，复益爱之，又更下巢。而人遂得而取之矣。”

这说的是翠鸟做窝的时候，最初把它做在很高的地方，为的是躲避灾祸。后来小鸟孵出来了，翠鸟非常疼爱自己的小宝贝，生怕它从窝里摔出来，就把窝移到稍低一些的地方。看着看着，小鸟长出毛来了，毛茸茸的，十分可爱。翠鸟更加喜欢自己的孩子了，又把窝移得更低一些。

然而，灾难也因此发生了——人们把它们都捉走了。

因过分溺爱孩子而遭受祸害，一定让翠鸟们悔恨不已。

人和翠鸟也有共同之处，那就是每一个人的幼小时期，也都是被动弱者，这决定了他的很多习性和人格都是身边成年人所造成的。只不过有的看上去是孩子被动，有的看上去是孩子主动。

美国社会心理学家弗里德曼与弗雷瑟，经过实验研究提出了一个法则，叫作“登门槛效应”：一个人一旦接受了他人一个微不足道的要求，为了避免认知上的不协调，或想给他人以前后一致的印象，就有可能接受更大的要求，犹如登门槛时要一级级台阶登一样。

这一法则用通俗易懂的语言来说，也可以称为“得寸进尺效应”。第一次退让做出去，或者迈出尝试的第一步之后，下面总会不由自主地想继续下去。

弗里德曼与弗雷瑟在研究实验中发现：人拒绝难以做到的或违反意愿的请求是很自然的；但一旦对于某种小请求找不到拒绝的理由，就会增加同意这种要求的倾向。而当他卷入了这项活动的一小部分以后，便会产生自己是关心社会福利者的知觉、自我概念或态度。

这时，如果他拒绝后来的更大要求，就会出现认知上的不协调，于是恢复协调的内部压力就会支使他继续干下去或做出更多的帮助，并变成一种持久的态度。

这个效应可以在生活中得到验证：如果父母对别人说，孩子还小，不懂事，请见谅。只要它起了作用，父母和孩子都会用这个借口来无视自己犯下的错误。然后一次次实施，一点点推进，无视他人的界限甚至无视社会公德。

另一方面，很多父母不清楚的是，自家的孩子正是在这一法则下，不知不觉成为“熊孩子”的。从婴儿时候开始，孩子就以各种方式去试探父母，试探外部社会的容忍底线，然后一次次、一点点实现自己的索取和愿望。

孩子不知不觉在“无界限”的错误中长大，进入社会，侵犯他人，直至犯下严重错误乃至触犯法律。

父母要认识到孩子早期正确教育的重要性和必要性，不能以“孩子还小”为借口原谅错误。一旦不从源头改正错误，不去培养孩子勇于承担的社会感和责任心，眼看着孩子滑向泥潭，最终害的不只是他人、自己，更是孩子。

3. “谁敢欺负你？有妈妈呢！”

除了理智的爱以外，没有别种的爱是永恒的。

——巴鲁赫·德·斯宾诺莎

心理学家认为，人类的行为都是后天习得的，环境决定了一个人的行为模式。

父母是孩子的第一任老师，对每个孩子来说，父母的行为模式包括为人处世、待人接物的方式等，都是他们模仿的对象。父母是否有健康的行为模式，会对孩子的行为习惯方式产生举足轻重的影响。

在婴幼儿时期，孩子的模仿行为通常是没有什么动机的，由于所处环境里常会出现对应刺激，因此长时间受父母影响，不自觉产生无意的行为。

儿童在成长的初期对于暴力和是非毫无意识，就好像我们每个人小时候都会有拍打动物、破坏物品等轻度暴力的行为。而此时父母的积极引导就显得格外重要。

莎士比亚说："教育随生命开始。在我们察觉个性已建立之前，后来的教诲已很难将它移动及改变。"

一个人的社会认知能力是与生俱来的，孩子在学前阶段具有很强的可塑性。等到长大以后，你会发现有什么样的家长，就有什么样的儿女。

案例

网红阿娅（化名）一副温柔甜美、岁月静好的人设，彻底崩了。

2018年9月9日，一位孕妇在微博爆料，两天前，她和老公遛狗回家，一只没有被拴绳的黑色斗牛犬朝她扑过来。

一旁的老公为了保护她，本能地用脚踢了狗一下。狗主人阿娅马上冲上前推她老公，大声质问："你凭什么打我的狗！"孕妇觉得对方可能不知道自己怀孕了，于是站出来解释。

未料，阿娅依然嚣张："你是孕妇就了不起啊？"随后，她开始对孕妇下手，扯她头发，推她肚子，踢她大腿。

孕妇这时已经怀孕三十二周多了。

令人震惊的是，同行的阿娅妈妈居然也加入了谩骂阵营，用各种恶毒的语言诅咒未出生的孩子，说她活该流产。

那架势，就是很多母亲惯常的无原则袒护孩子、纵容孩子的行为模式："孩子，谁敢欺负你？有妈呢！"

其结果是，警方通报，全网指责。

案例反思

试想一下,如果阿娅的妈妈当时拉住她,最多只是街头巷尾的一场小纠纷,也不会有警方通报,全网指责。

我们无从了解整件事更多的细节,可以说这场纠纷是阿娅一时冲动,也许只是暴露本性,但是其中同行的妈妈的行为无疑是火上浇油,引爆了无法预料的恶果,放大了整个事件的后果。

如果同行的不是妈妈而是一个普通朋友,或者因为怕惹事,或者正义感分明,会进行劝阻。

这里的妈妈盲从所谓地"保护"女儿,与女儿统一战线,缺失了一个人基本的底线——与人为善。两个人之间连动的行为,可以看到边界的模糊带来的膨胀。

在妈妈面前,我无所不能;在女儿面前,我是一切。生命图式一体感,没有很好地分离和独立。

策略与建议

在科学的家庭教育理念中,有一个原则叫理性施爱原则。

父母之爱和其他爱一样,是一种情感和情绪的释放,会给人带来幸福感。而且这种爱的产生是随机的,然后就是爱的释放。爱的释放必须有理性控制,如果任由爱的表达结果,有可能就是不理性的。

不理性就会导致纵容,纵容则会导致胡作非为。

理智的爱是学会对孩子说“不”，做一个有原则、有底线的妈妈，明确地在是非曲直面前告诉孩子：“这件事不行，这件事不对，这件事不能这样做。”一味地纵容和包庇，最终只能自食恶果，古语有云：“惯子如杀子，溺子如杀子。”

现实中许多家长多是出于本能的爱，却不会施爱，在生活中极端宠爱孩子，不管自己的孩子多大了，都要像失去理智的老牛护犊子一样，不分对错，不分是非，时时刻刻和儿女站在一边，哪怕儿女为非作歹。不知道自己这种行为其实不是爱孩子，而是在毁孩子，加速孩子堕落的同时自己也跟着堕落。

因此，父母有是非感，有原则性，非常重要。

人生哲学

在日常生活中我们会发现，每一个孩子的背后，站着的都是与之相对应的家长。

家庭教育是每个人一生中最早期的教育，是一切教育的基础。

可以说，孩子从出生的第一天起，就开始接受家庭教育，父母就是他们的第一任老师。孩子犹如一张白纸，可画最美的图案，也可画最丑的涂鸦。因此，家庭教育把好第一关，打好教育的基础十分重要。

父母是孩子最亲密、最信赖的人。朝夕相处，耳濡目染，父母的一言一行、一举一动，时时刻刻都在潜移默化地影响着孩子。

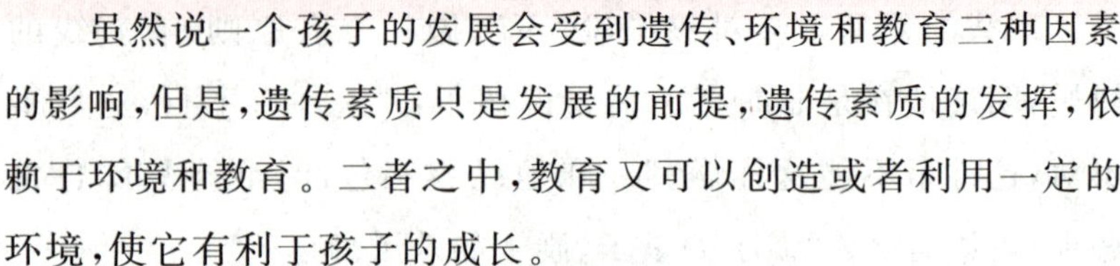

虽然说一个孩子的发展会受到遗传、环境和教育三种因素的影响，但是，遗传素质只是发展的前提，遗传素质的发挥，依赖于环境和教育。二者之中，教育又可以创造或者利用一定的环境，使它有利于孩子的成长。

当孩子上学后，学校教育占据了大部分时间，可是家庭教育的重要地位仍不可动摇。家庭教育伴随人的一辈子，直到他离开这个世界。

因此，在现实生活中，我们常常会看到这样的情形：孩子的品性是一个家庭的缩影。品学兼优的学生，背后往往是那些懂得生活、有教养、注重教育的父母。热情开朗、善意助人的学生背后，是善良热情、乐观向上的父母。

同样，每一个"熊孩子"的背后，都有一个或者几个"熊家长"。

因为，每一个孩子的背后，站着的都是与之相对应的家长。可以说，孩子是家庭的反射镜。

案例中的那对母女所做的事，在我们身边时常发生。很多不可理喻的儿女背后，都有不可理喻的家长。

美国行为主义心理学家约翰·华生(John Broadus Watson)在《行为主义》一书中这样写道：

"给我一打健康的婴儿，一个由我支配的特殊的环境，让我在这个环境里养育他们，我可担保。任意选择一个，不论他父母的才干、倾向、爱好如何，他父母的职业及种族如何。我都可以按照我的意愿把他们训练成为任何一种人物——医生、律师、艺术家、大商人，甚至乞丐或强盗。"

每个人生来就是一张白纸，没有什么不同，最大的不同，就是后来父母的教育和成长的环境。没有一个孩子希望自己是被人讨厌的，长大了也一样。让人真的讨厌、反感的，除了“熊孩子”本身，更多的是他身后的“熊家长”。

做父母的，如果你发现以前面对这类事情时，自己的行为不妥，那就改正之后重新再来。别人不原谅你，你可以自己原谅自己。亡羊补牢，犹未为晚。反之，则会在错误的路上越走越远，直至酿成不可预料的灾难。

4. “妈妈觉得你今天应该穿秋裤！”

母性的力量胜过自然界的法则。

——芭芭拉·金索尔夫

在日常生活中，以爱的名义替孩子做选择，这会有极大的迷惑性。

父母觉得自己做得对，孩子也不知道该怎么反抗。但是，父母和孩子都会因此而苦恼，父母发现，他们必须一直为孩子操心，而孩子则会经常感到烦闷，甚至还会有窒息感，就仿佛有人在掐着自己的脖子一样。

这种窒息感不难理解，因为父母替孩子做所有的决定，就是从精神上掐死孩子的生命。

并且，这种“掐”看上去是非常善意的，父母这样看，孩子也这样想，社会上也这么以为。理性很容易欺骗人，但情感不会

骗人,被"掐"得厉害的孩子常常会做出一些极端行为,来表达他们的真实情感。

现在,父母替孩子决定生活、老师替孩子决定学习的情况愈演愈烈,孩子们的反抗也越来越强,其常见方式是网瘾和叛逆,而极端方式则是自杀和杀人。

案例

电视剧《你的孩子不是你的孩子》用微科幻的方式,讲述了五个引人深思关于亲子关系的故事。

在第一个故事《妈妈的遥控器》中,导演就将这种贴近现实、霸道侵占式的母爱放大后,呈现在观众面前。

妈妈淑丽为了让儿子小伟好好读书,用一个可以转换时空的"遥控器"控制儿子的人生。只要儿子没有做出让她满意的选择,儿子就永远会重复同一天的生活。

她通过遥控器来逼迫小伟承认错误,小伟改动成绩单上的成绩,就是为了博得妈妈的欢心,妈妈也不问原因,只是让小伟一直困在改动成绩单的周三,重复了十几次,直到他发现缘由,改回了成绩单,才结束了周三的噩梦。

她还通过遥控器来限制小伟和朋友的交往,她向小伟解释道:那些同学,等上了高中以后,大家都不会联系了。这个世界上只有妈妈会一直在你身旁。

后来,小伟在补习班和一名女同学变得亲密起来,他们有很多共同爱好,也很聊得来。可是好景不长,妈妈发现了。

她再次使用遥控器，让小伟回到了二人相遇以前，女生变得不认识他了。

于此种种，小伟不想活了，却发现自己怎么也死不了。跳楼、触电、割腕都无济于事，妈妈会一直用遥控器复活他……

案例反思

《妈妈的遥控器》让父母和儿女以及所有人一起反思：人与人，人与自己。

“我是为了你好，所以你要听我的”，这是当今社会最典型的一个爱的谎言。父母们用这个谎言控制孩子，老师们用这个谎言控制学生，女人用这个谎言控制男人，男人用这个谎言控制女人。

从心理成长上说，这个谎言可能源自我们一个共同的经历：

1～3岁时，当孩子蹒跚学步开始探索世界时，大人们忍不住要替孩子完成任务。譬如，孩子跌跌撞撞地拿玩具时，大人们递给他；孩子四处爬来爬去时，大人们因担心而制止他；孩子快乐地玩耍并大喊大叫时，大人们警告他小声一点……总之，大人们为了安全，为了孩子“好”，严重妨碍了孩子探索世界的努力。

等孩子长大后，大人们变本加厉地这样做。譬如，帮孩子解决一切难题，替孩子做所有的决定，当孩子拒绝接受时，就以“为了你好”的名义强迫孩子接受。家长们在这样做，老师们也

在这样做。

这样做，是在扼杀孩子的生命，因为生命的意义在于选择。

只有做过选择，一个人才算活过，假若这个人的一生中都是别人在替他做选择，那么他的生命就没有意义，不管别人给了他多少东西，不管那些选择从理性上看多么“正确”，他都会因此而虚弱无力。

策略与建议

《妈妈的遥控器》中的遥控器只是一个隐喻。

在现实中，它就是很多父母对孩子无微不至的关心，从衣食住行、吃喝拉撒，到上学读书、交友恋爱；几乎是寸步不离的陪护，放假时不让你出门的命令，把你囚禁在家里的门锁，偷偷撬开你抽屉或日记本锁的撬棍，老爸老妈隔三岔五的查岗电话。

有一种爱，叫“妈妈觉得你今天应该穿秋裤”，这是那些因备受父母关注而厌烦的年轻人对父母的一个小调侃。

很多父母不知道，当你让你的孩子做一件他不那么喜欢的事情，孩子却备受煎熬。

这是一张几乎是任何人插手孩子人生的王牌通行证，它叫——“我是为了你好”。

父母这样的话，在生活里是不是常常听到？

“我辛辛苦苦地工作供你念书，就是让你去做××事吗？

你做那个，有几个人能成名？你让我很失望！”

“读××专业，家里能帮你找到工作吗？你忍心我们老了还要为你担心吗？”

“如果不是生了你们，我现在……”

心理学上有个理念叫“情感勒索”。被勒索者，会常常莫名其妙地被要求付出，他们感到无助，但却不晓得该怎么逃脱。

被情感勒索者即使付出了全部努力，放弃了自己的选择，也会被勒索者认为是理所应当，本应如此。

被情感勒索者害怕伤害对方的情感，或者让对方难过，但从没想过对方加诸在他们身上的，是一种慢性毒物。

这种勒索关系的模式会慢慢固定下来，让一个人内在的活力和原动力逐渐干枯，体现在在家里的时候害怕妈妈指责，上学的时候害怕老师要求，上班之后害怕老板发怒，一切的一切都处于恐惧之中。

在这种情况下，一个人无法释放自己最深层的创造力和潜力，他的精力都被用于无止境的内耗之中。

亲爱的爸爸妈妈们，爱很重要，拥有自由和独一无二的灵魂也很重要。

人生哲学

一个好的家庭，一定要有界限感。

德国心理学大师伯特·海灵格（Bert Hellinger）曾说过：“好家庭，一定要有界限感。”

什么是“界限感”？就是人与人之间的距离和分寸，把你和他人隔离开来。通常说来，外部界限包括身体界限（个人空间，包括隐私和身体）；物资界限包括金钱、衣服、书籍、食物等；内在界限包括心理界限（想法、价值观和信念等）和情绪界限。

这些像一道道无形的篱笆，让大家各自独立、互不侵扰。

对人与人之间的界限冲击力最大的，就是控制。控制有三种：硬控制、软控制和无形的控制。

所谓硬控制，就是直接的批评、教育、命令、惩罚、指责、羞辱、跟踪、调查、限制人身自由。

软控制则以相反的情形呈现：讨好、利诱、撒娇、胡闹、施苦肉计、要挟。

无形的控制则包括：信用、承诺、保护、恩赐、以身作则、威望、自信、勇猛。

在中国家庭中，由于重亲情、讲孝顺的传统文化代代渗透和绵延传承，很多人都不知道如何顾及和区分家庭成员的个人空间和彼此界限，父母与孩子的界限感非常模糊。

因为缺乏界限感，一些父母时时刻刻、事事处处掌控孩子就成了常见的现象。微博上曾有个段子，描述了有些父母对孩子一生的控制行为：

5 岁，他们给我报了少年宫；

7 岁，他们给我报了奥数班；

15 岁，他们给我报了重点中学；

18 岁，他们给我报了高考突击班；

23 岁，他们给我报了公务员；

32岁，他们给我报了《非诚勿扰》……

好的父母与儿女的关系一定是建立在边界清晰和沟通顺畅的基础上，既亲密又独立的。而要实现既亲密又独立的彼此相处，就要懂得分离，并且能智慧地做到分离。

所谓分离，就是做父母的一边给予孩子爱，一边坚定地告诉孩子并且这样对待孩子——你是你，我是我，把孩子当作和自己一样平等的人。如此，才能在亲子关系中双方都拥有独立而健康的人格。

5. “妈宝不是很可爱吗？”

很多父母把自己的“内在小孩”投射到了现实孩子身上，他们无节制地给予孩子，其实是在无节制地满足自己。

——武志红

当前有个流行的网络词语，叫“注孤生”，是“注定孤独终生”的简称，用来形容独自一人生活。

“注孤生”(Forever alone)一词出自《百年孤独》，后出现在一幅暴走漫画中，来形容某人不解风情，不懂女孩子的心思，现在也引申为女孩子太自立，调侃其完全不需要男人。

当Forever alone进入中国之后，数量庞大同时孤身一人的时尚小青年们便将其赋予了更加本土化和更加深刻的象征意义。

有个青年擅长修计算机，一次被一个女孩请去。那个破计

算机怎么也修不好，这时女孩说：“这个很不好修吧，不如咱们聊会天吧。”那青年觉得自己的技术、实力受到莫大的挑战与侮辱，咬着牙说：“我一定能修好！”

这个小故事其实是对“注孤生”的一个很好的注解。

他们并不明白自己被贴上这样的标签，都是自己“作”的结果——总是将自己置于非常悲惨的境地，不懂别人的好意或者暗示，完全不解风情。

有人做过一个关于“注孤生”成长历程的调研，发现很多人有着差不多的人生经历：不管是穷还是富，都一直被父母溺爱着。

换言之，他们都是家庭溺爱的受害者，是父母溺爱的受害者。

案例

近期，某卫视上线一档新节目，叫《我家那小子》。

节目采取明星妈妈团在演播厅内观看自己儿子独居时的状态，窥探儿子私下自己不知道的一面。演员朱某某和自己的妈妈作为嘉宾，母子俩的相处模式引发了网友们的热议，很多人直呼受不了这样的妈妈。

朱某某作为实力派演员，多年来一直兢兢业业，塑造了大量经典角色，如《奋斗》《我的青春我做主》《中国往事》等。他个人生活十分低调，出道多年，少有绯闻，是一个用作品在和观众交流的演员。

在节目现场，朱妈妈一脸自豪地说自己完全没有自己的生活，这一辈子都是为儿子而活，全部的世界只有儿子。现场的嘉宾和主持人都一脸不可思议，世界上怎么会有这样完全没有自我的人存在？

她说七十岁的年纪，还要跟随儿子一起生活，跑剧组，每天早上四点半起床为儿子熬制果汁，一日三餐盯着儿子吃，无论在哪里都随身带着锅，任何地方都可以变成朱妈妈的厨房。

朱某某当年前往北京读书，以为终于可以摆脱妈妈的“关怀”。开学的第一天，朱某某去宿舍报到，想上床去铺床，朱妈妈赶快叫住儿子，心想儿子怎么可以做这种事情呢。

所有的同学和家长都目瞪口呆地看着这对母子，朱某某十分尴尬。更可怕的是，铺完床的朱妈妈来到舍友面前，一个个地询问他们睡觉时打不打呼噜，生怕有人打呼噜影响儿子的睡眠。就连朱某某宿舍楼外的爬山虎，朱妈妈都想用热水浇死，最终算是被朱某某劝下了。

儿子异地求学，朱妈妈最大的愿望就是儿子开学走的时候自己可以不哭。所以儿子工作后，就索性和儿子一起生活。早些年，朱某某还会发微博，但后来发现妈妈竟然专门买了一个本子，把自己的每一条微博都抄下来，连时间都仔细标注好。

朱某某倍感压力，后来就很少发微博了。

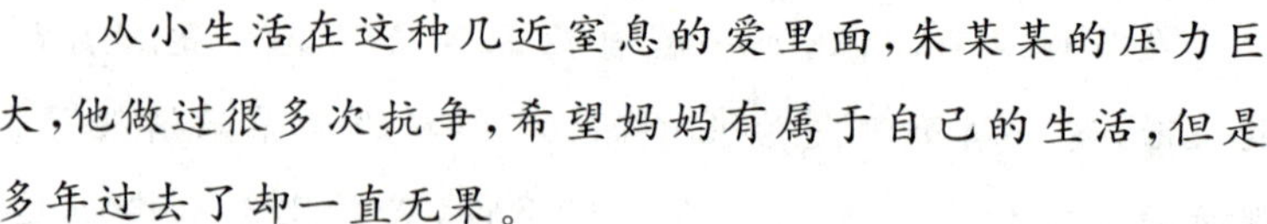

从小生活在这种几近窒息的爱里面，朱某某的压力巨大，他做过很多次抗争，希望妈妈有属于自己的生活，但是多年过去了却一直无果。

朱某某有过两段恋情，但是，这两段感情最终都无疾而终。关于儿子的恋爱和婚姻，朱妈妈说自己知道儿子的每一段恋情，并且都有干扰，通过节目，我们大概可以理解为什么朱某某到了四十岁依旧单身了。

因为他的背后有一个事事亲力亲为的妈妈。

朱某某在节目中无奈地说："妈，你不要把我说成是一个妈宝啊。"朱妈妈却回答："妈宝不是很可爱吗？"

朱妈妈有一儿一女，都还未结婚。虽然很是担心子女的婚姻，但她对未来儿媳的期望就是："女人就是该负责在家里操持家务，贤良淑德。"和自己的角色定位完全一致。

节目播出后，让人大跌眼镜，网友们纷纷议论朱某某："注孤生，真真正正的凭实力单身。"

意思是：朱某某啊，你这注定孤独终生的人，是真真正正的凭实力单身！

案例反思

明明知道溺爱是一种毁灭性的教育方式，为什么还会有那么多父母就是控制不住自己的溺爱行为呢？

看起来，溺爱仿佛是在献身于儿女，父母通过牺牲自己来满足孩子的需要，有那么一点伟大的味道。但实际上，溺爱源自父母的自恋，溺爱的父母无视孩子真实的成长需要，而是将孩子当成另一个“自己”，给予过度满足。

可以说，无限制地给予孩子，其实是无限制地在给予“自己”。

武志红在分析这种现象时说：“每个人内心中都藏着两个‘我’。一个是‘内在的父母’，其内容是我们对现实父母和理想父母的内化，当我们做父母时，这个‘内在的父母’就是我们自己。另一个是‘内在的小孩’，其内容是我们对自己童年体验的记忆和自己理想童年的内化。”

“父母溺爱儿女的一个最重要原因，就是父母‘内在的小孩’向外的投射。父母将自己‘内在的小孩’投射到现实中的孩子身上，当他们无节制地给予孩子的时候，其实是在无节制地满足自己。”

什么都给最好的，吃的喝的用的玩的穿的，各种不能让孩子输在起跑线上，实际上都是以各种名目进行自我安慰。当他们是孩子的时候，很多人都没有受到理性教育模式的熏陶，或者说很多人没有找到良好教育和好父母的答案。成为父母后，他们自身承受着沉重的职业压力，孩子承受着沉重的学习压力。

那么，用什么来调节压力呢？在找到良好途径之前，可能就是一些不理性的攀比和物质补偿。

父母爱子女，是希望自己的子女能够幸福，因此，他/她们努力把自己全部的爱都给自己的子女。

其实，很多父母总是习惯以爱的名义，以过来人的经验，以自己的主观意志去控制子女的行为。在家里，照顾子女“体贴

入微”；出门在外，关怀子女“无微不至”；在子女的全部时间里，都如影随形，不敢有一丝放松。然而他们忘了孩子是否能够承受这满满的爱意和关怀，这样的行为是真正的爱孩子吗？忘了好事一旦无节制，也会变成坏事，忘了孩子总会长大，要学会脱离父母的羽翼一个人生活。

万事有度，倾听孩子的心声，倾听自己的心声。有些关怀孩子是不是真的需要，有些关怀是不是只是为了满足自己，而不是真正为了孩子。

在朱妈妈的表态中，我们可以看到一个很极端的母亲溺爱儿子的行为逻辑，那就是：儿子习惯了我的照顾，离开我的照顾不习惯——因此，我要一直跟着照顾他，不能有丝毫放松——既然他习惯了我的安排和照顾，那为了他以后的生活幸福，也应该娶一个能像我这样照顾他的妻子。

从出生到成年，儿子的所有事情朱妈妈都安排得明明白白。

朱妈妈总想对儿子尽到一个母亲的责任，对儿子事无巨细、万事包揽。“只要你好，妈妈再辛苦都没事”，是朱妈妈的所有行为依据。甚至因此让朱某某的姐姐对婚姻产生阴影，认为自己没有能力成为合格的妻子和母亲而不婚。

那朱妈妈对孩子的溺爱目标实现了吗？没有。

她虽然很高兴这个年龄还能照顾自己的儿子，但也造成朱某某完全不和妈妈交流，双方互相愧疚，一个觉得干预儿子太多，造成一直实力单身；另一个反感又不得不接受老母亲的爱，这份爱太沉重，压得朱某某喘不过气。

策略与建议

虽然很难有这么极端的朱某某母子关系，然而类似朱妈妈的父母还是有不少的。

这样的父母把全部的爱给了子女，把整个世界给了子女，为整个家庭付出很多很多，却不关心这是不是子女所需要的，这种“付出”，对子女来说是不是一种负担。

不仅是成年子女，对于未成年的子女，也在讲着：

“不能让孩子输在起跑线上”；

“不能让孩子在外面丢人”；

“咱家孩子怎么能做这些事呢”；

“孩子永远都是孩子，离不开我”……

这些可能都是让子女承受不起的关怀。

其实有些父母也知道这样做是不对的，但为了满足自己下意识的欲望，他们还是在坚持这些溺爱。

节目中，朱妈妈向在座的嘉宾和主持人承诺自己以后一定改，争取有自己的生活。但她郑重其事、难以割舍的改正措施是什么？是说以后儿子说少熬一天果汁，那我就歇一天！

听到这些，真让人啼笑皆非。

这样的母亲不能觉察自己的行为是在害儿女，掌控儿女，岂止是一个两个？

鲁迅当年痛心疾首地呼喊：“救救孩子！”

而今，则应该痛心疾首地呼吁：“救救父母！”

人生哲学

那些无微不至，与无所不在的母爱，会让人窒息。

德国心理学家爱丽丝·米勒有一篇题为《在母爱中窒息——心理学家眼里的普鲁斯特》的文章，在网上引起了很多人的关注。说的是全世界著名小说《追忆似水年华》的作者马塞尔·普鲁斯特和他母亲的关系。

只要曾经花时间深入过普鲁斯特的世界，都会知道这位享誉全球的作家的文字有多迷人，那独一无二的感觉、敏锐、意象与观察，直抵人的心底；会沉思为何一部作品让他写了那么久，7年，一直写，一直改；也会痛惜他在完稿后两个月就告别人世，以及导致他窒息而死的母爱。

通过普鲁斯特的叙述，我们得知，事实上，他在母亲过世后才能够写出他自身所观察、感觉与思考的特别世界。

因为，在母亲活着的时候，他觉得自己是母亲难以忍受的负荷。他永远无法向母亲展现他真实的样貌、想法与感觉。

在他的生活里，母亲一直用自己的方式去"爱"他，关心到无微不至，她也在一直决定他的所有大小事、支配他的人际关系，即便到了十八岁仍对他发出禁止令。

母亲希望普鲁斯特能以她期待的方式，依赖、顺从她。普鲁斯特偶尔会试着抗拒，但同时又柔弱地、某些时刻甚至是绝望地，为他的违抗感到抱歉。

因为他太害怕失去母亲的钟爱了。他心中明白，虽然自己一辈子都在追寻母亲的爱，但却必须借由内心退缩来保护自己逃离母亲不断的掌控与权力需求。

从幼儿开始，普鲁斯特就得了哮喘病。而这对于他来说，其实是对困境的表达。他吸入了太多空气（“爱”），而且不被允许吐出过剩的空气（掌控）——也就是他不能反抗母亲要他吸进去的东西。

其结果是，普鲁斯特杰出的作品可以帮助他表达自己，并借之丰富读者的心灵。但他长年承受身体的苦痛，是母亲带给他的——不可抗拒的、支配的、需索的母亲，以看不见的形式虐待他的心灵和精神，已经在经年积累中成为他生命中的一部分。

在他这里，母亲无所不在的控制性的爱，以他病态的身体呈现出来。直到生命的尽头，他主要关心的都是如何把这些剥离出去，然后看清真相，保护自己。

弱不禁风，一直生病，就是普鲁斯特身体对母亲的操控与无法抗拒的关怀的一种反抗：他感受到的不是无微不至的关怀，而是一种深入骨髓的害怕。

就在他母亲过世后，普鲁斯特三十四岁的时候，他在给蒙泰斯屈的信中写道：

“她知道我没有她就活不下去……从此刻开始，我的人生失去了它唯一的目的，它唯一的甜美，它唯一的爱，它唯一的慰藉。我失去了她，她那永不终止的警觉在带给我唯一的人生甘露，在平静与爱中……我被所有痛楚浸湿了……诚如照顾她的护士所说的：在她眼中，我永远都只有四岁。”

自古以来，父母们无微不至与无所不在的爱，让儿女窒息，使数不清的孩子患上身心疾病，如在囹圄。

尤其在中国，自古以来，将“孝敬父母”奉为至高道德，定下父母之命不可违抗的戒律，视儿女如私产，如不能越雷池一步的精神奴隶。

时至今天，需要明白的是，仅仅考虑到宽恕家庭中的施虐者还不够，更需要当事的父母和孩子共同努力挣脱这种精神和心灵的捆绑，才能促成心灵的真正解放。

三、强制服从的爱

心理学家武志红说，绝大多数中国父母也都是“巨婴”，他们无法接受孩子是独立的个体，他们得让孩子听他们的。

如果孩子不听他们的，他们就觉得和孩子之间没有亲密感，就无法表达爱意。

如果孩子乖巧、听话，他们就觉得和孩子之间关系亲密，就会更加肆无忌惮地表达他们的爱意。

小到吃穿，要听父母的；考什么学校选哪个专业，要听父母的；跟哪个人结婚，生不生孩子，也要听父母的……否则就是不听话，不孝顺。

要到什么时候，中国的父母们才能明白：孩子是你的孩子，不是你的面子。

网上有句流传很广的年轻人的叹息：“人前如塔，人后如沙，活成了父母要求的样子，却怎么也活不成淡定从容的自己。”

很多父母不知道，孩子幼年尚且没有形成完整人格的时候，情商也未形成，他们难以分辨出哪些是玩笑，哪些是嘲笑。

当他们在众人面前被嘲笑、调侃、责骂的时候，很容易放大自己的缺点或者缺陷，从一个点，放大成一片，就是长大了也会隐隐作痛。

嘲讽、贬低、责怪、谩骂，都是暴力，每一个出自家长之口，或者家长之手的恶毒，都可能潜移默化根植在孩子没有发育良好的心里、情感里。直到进入社会之后，他们依然走不出来。

有些父母不懂孩子，就像白天不懂夜的黑。

1. “你必须去学钢琴，等你长大就知道它的好了！”

母爱是多么强烈、自私、狂热地占据我们整个心灵的感情。

——邓肯

在许多家长心中，所谓素质教育，就是孩子除了在学校的学习成绩好，还要学很多课外的东西，比如钢琴、绘画、象棋、游泳、乒乓球、舞蹈、滑冰、奥数等。

父母往往以为孩子学的东西越多，就意味着孩子素质越好。于是，大批家长不管孩子愿意不愿意，喜欢不喜欢，有没有那个天赋，都逼着孩子上各种各样的课外班。

实际上，教育提倡的所谓儿童参与，是指让孩子有机会在自然愉快的环境下，在社区、学校、社会及文化生活中，接触真实的自然界和社会生活，获得丰富均衡的生活体验和教育实践，从而积累经验、发展能力、增强自信，而绝非当下这种强制性的课余学习。

然而现状是，不管周末还是假期，孩子的时间都被安排得满满的，应有的休息、玩耍都被挤掉了。一些孩子对自己就读的课外班毫无兴趣，一点儿也谈不上喜欢，而是被父母像押犯人一样，奔波在求学的路上，苦不堪言。

很多家长根本就不知道，素质教育本质上，是依据自己孩子的实际情况，进行创造力、独立性、社会公德、世界观、人生观以及审美力的培养。

案例

一个朋友的女儿是一个初二学生，高高的个子，长发飘飘，看上去十分书卷气。

在熟悉的朋友圈子里，几乎所有人都觉得这孩子很幸福：家里经济条件好，进口钢琴，进口健身器材，苹果计算机等应有尽有，衣服更不用说，在同学中穿的是最好的。

有一次，数家好友一起聚会时，她的妈妈说起她钢琴考级的事情。结果当着众人的面，她一下子爆发了，泪水涟涟地说：

“我厌恶透了钢琴考级，厌恶透了学钢琴，从小就讨厌。我喜欢画画，理想是当一个画家，像梵高、莫奈那样的世界级油画家。可是你们就不让我学，说画画的女孩子容易变野。我偷偷买的画笔颜料，都被你们扔了。一次次，都被你们扔了！你们硬逼着我学钢琴，说钢琴是优秀高雅女孩必备的素质。可是我不喜欢啊，坐在钢琴前我就烦躁，你们知道吗，我恨不得把钢琴砸了！”

孩子的一席话，在场的人几乎都沉默了。

过了好一会儿，她的妈妈说：“孩子，我们都是为你好啊！”

案例反思

首先，从社会状态层面看，根据《中国儿童参与状况报告(2017)》可知：48.9%的中小学生都参与了和学校考试内容密切相关的补习班。几乎所有的中小学生，都参与了包括音乐、舞蹈、绘画、体育等各种各样的学习，从一门到七八门甚至更多。

很多家长把孩子原本应该有愉快体验的课外素质提升，变成了另外一种课堂教育，在时间和空间上，不断压缩孩子的自由活动。

调查结果显示，超过一半的学生在放学后几乎没有和朋友玩耍的时间，这一比例在小学是54.6%，在初中是61.4%，高中则是66%。

家长们不清楚，这样从早教到幼儿园到上学之后的各种功利性的培训，如果严重违背孩子的意愿和能力，必定抹杀孩子的假期和童心，甚至会扭曲孩子的性格，让孩子丧失一个正常人的基本素质。

其次，从家长目标看，很多家长认为，对于孩子教育的“投资”，会是一项稳赚不赔的交易。所以，对于动辄一节课几百元，一学年上万元的培训费，思虑过后还是愿意掏钱。

至于孩子喜欢不喜欢，有没有天赋，根本没有仔细想过，更没有想过孩子的意愿，总以为孩子知道啥，孩子的意见不必太在意。

近些年，越来越多的孩子没有了自由，因为各种压力而产生的跳楼现象也不在少数。素质教育提倡德、智、体、美、劳全面发展，可在大多数孩子的身上并没有看到。

应试教育下的生活让孩子们丧失了在社会、社区、家庭之中的生活，除了给孩子们带来成绩上的辉煌，给孩子们留下的又有什么？现实中的他们活得如何？进入社会又能做什么？这不仅仅是孩子面临的问题，更是千千万万家庭面临的问题！

最后，从家长心理层面看，一些父母之所以对孩子管得太多，很多东西强迫孩子去学习，不顾及孩子的兴趣和爱好，是因为家长背后的焦虑情绪——生怕孩子输在起跑线上。

策略与建议

这是国外网站上的一段文摘。作者是一个三岁孩子的父亲，他留给孩子的这封信，充满着人生智慧，值得当下父母深思并借鉴：

亲爱的塞斯，生命是一段旅程——

你现在仅仅三岁，此刻你还不识字，更不用说让你去理解我接下来想在这封信里对你所说的话了。但是我已经苦思冥想了好久，关于你即将面临的人生以及我的生活，我反思我所学会的；思考一个父亲的职责，力图让你为未来岁月中即将面临的困难做好充分准备。

你今天并不能理解这封信的含义，但是某一天，当时机成熟，我希望你能在我与你分享的内容当中找寻到些许的智慧和价值。

你还很年轻，生活尚未开始摧残你，没有在你的人生道路上放置失望、伤心、孤独、挣扎和苦痛。你还没有被漫长的乏味工作，被日常生活的打击搞得筋疲力尽。

因此，谢天谢地吧。你正处在人生一个美妙的阶段。还有很多美妙的阶段会来到你面前，但是都不是唾手可得的，你都得付出代价，经历风险。

我希望通过分享一些我所学到的最好的道理，帮助你走好人生路。至于任何建议，且把它当作佐料，因为适合我的并不一定适用于你。

……

生命不是一场竞赛。

你会遇到一些人他们总是试图超过你，在中学，在大学，在工作中。他们想要拥有更好的车，更大的房子，更好的衣物，更酷的小玩意儿。对他们来说，生命就是一场竞赛——他们不得不比同辈做得更好来让自己感到快乐。

这里有一个秘诀：生命并不是一场竞赛，而是一段旅程。如果你在途中一直都试图给他人留下深刻印象，超过别人，那你就浪费了这段旅程。与之相反，学会享受它，让之成为快乐之旅，永恒的学习之旅，持久的进步之旅以及爱之旅。

不要为拥有一辆更好的车或一所更好的房子或者任何物质的东西，或是一份薪水更高的工作而费心。这些根本无足轻重，也不会使你快乐。你可能在拥有了这些之后只是想要更多的。与之相反，学会满足你已经拥有的——然后学会利用你原本想要浪费在为挣钱买这些东西的时间，去做你真正热爱的事。

找到你的激情，坚持不懈地追求它。别让自己被一个还债的工作所累。生命太短暂了，更不可将之浪费在你所厌恶的工作上。

如果让一个词成为你的生活支撑的话，那它应该是爱。也许这听来已是老生常谈，我也清楚……但是请相信我，再没有更好的生活准则了。

一些人以成功作为生活准则。他们的生活会很紧张，不开心并且很浅薄。

另一些人的生活准则是个人利益——他们将个人需要置于他人需要之上。他们孤独一生，终究也不会快乐。

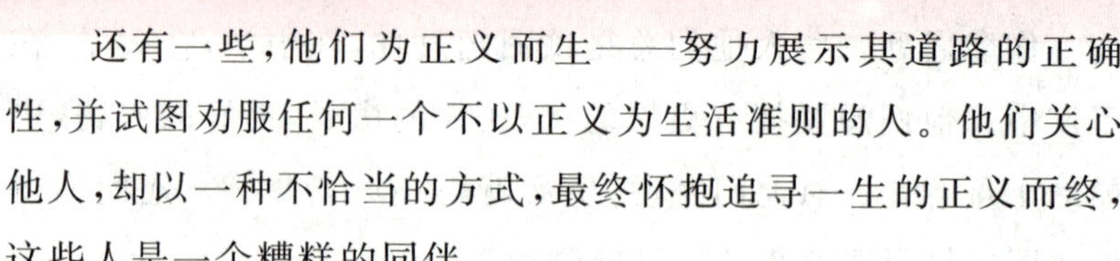

还有一些，他们为正义而生——努力展示其道路的正确性，并试图劝服任何一个不以正义为生活准则的人。他们关心他人，却以一种不恰当的方式，最终怀抱追寻一生的正义而终，这些人是一个糟糕的同伴。

用爱支撑你的生命。爱你的妻子，你的孩子，你的父母，你的朋友，全心全意地去爱。给予他们所需要的，展现在他们面前的，不是残忍、不赞同、冷漠或者失望，展现在他们面前的，只有爱。向他们敞开心灵。

不仅仅要爱你深爱的人，还要爱你的邻居，你的同事，甚至陌生人……他们是你广义上的兄弟姐妹。给你遇到的任何一个人一个微笑，一句善言，一个友好的姿势，一只援助的手。

不仅仅爱邻居和陌生人，也要爱你的敌人，对你最残酷的人，曾经对你不善的人……爱他。他是一个备受折磨的灵魂，最需要你的爱。

最重要的是爱你自己。当别人批评你时，学着不要强加于自己，去认为自己丑、笨或者不值得去爱……而要想着自己是一个很完美的人，值得拥有幸福和真爱……并学会爱现在的自己。

最后，要知道我爱你并且永远都会爱你，你即将开启一段有点奇怪、有些令人害怕、有些令人心悸但最终很不可思议的奇妙旅程，我永远会支持你。祝万事如意。

人生哲学

每个人的生命，并不是一场竞赛，而是一段旅程。

过去，现在，都有很多人把生命当成一场竞争。

如果一个人的生命观是把生命当作竞赛，会拥有怎样的人生呢？如果把生命的每一段历程都当作一次竞赛，则人人都是对手——既然是竞赛，其他人当然是对手。

当孩子举目望去满是对手时，他的人生会不会活得特别累？如果把生命的每一段历程都当作一次竞赛，无论是怎样的竞争，站在领奖台上的获胜者都是少数，在这种生命哲学中，失败者必然是绝大多数，胜利者必然是其中的极少数，他自己能成为极少数人中的一个吗？

如果把生命的每一段历程都当作一次竞赛，即使孩子击败了绝大多数人，成了竞赛中的极少数的胜利者，他会不会孤独？他会不会高处不胜寒？“精英主义”的思想下，只有剩下的最后一个，才是胜者，但却注定是孤独者。

如果把生命当作一场针锋相对的竞赛，如果孩子在途中一直都试图给他人留下深刻印象，超过别人，那他就浪费了这段旅程。

与之相反，如果把生命当作一段弥足珍贵的旅程，其他人于孩子意味着什么？如果有共同的目的地，他可以和别人结成伙伴，人生之旅会不会走得更加轻松？人生之旅会不会更加容易到达目的地？即使其他人和我们没有共同的目的地，也可以彼此尊重，各自享受属于自己的人生之旅。

把生命当作竞赛的人，只懂得竞争，把生命当作旅程的人，却懂得合作；把生命当作竞赛的人，追求的是力量与成功，把生命当作旅程的人，追求的是爱和快乐。这是两种完全不同的生命品质。

人生是一段美妙的旅程，虽然会有阴雨，重要的是学会爱，学会享受生活，从而快乐一生。

2. “你得学理工科，学文科你毕业不好找工作！”

> 作为一个父亲，最大的乐趣就在于：在其有生之年，能够根据自己走过的路来启发、教育子女。
>
> ——米歇尔·蒙田

在中国，许多家长对已经成年（十八岁及之后）孩子的所谓爱，体现在母亲那里，就是无微不至关怀儿女的衣食住行、吃喝拉撒；体现在父亲那里，就是干涉和包办孩子的兴趣爱好、目标和理想。

这也许是中国传统家庭文化女主内男主外的形式，在当代的一种延续。而中国父母在对待儿女的兴趣爱好、目标和理想上，大多都不是以儿女自己的愿望为核心的，而是根据自己走过的路，耳闻目睹的人生感受来确立。

现实生活中许许多多成年的儿女，大学所学专业，是由父母选择的；毕业后的工作，是由父母敲定甚至包办的。当父母完全根据自己走过的路来启发、教育子女的时候，也在很大程度上侵犯了儿女的自由和幸福。

案例

一个亲戚家的儿子高中毕业要出国读书。在选择就读的专业和学校时,他和父母发生了很大分歧。

他从初中开始就喜欢学文科,文科的成绩也远远超过理科成绩。在高中阶段,因为喜欢,他阅读了大量关于哲学和历史的书籍,也对这两个专业产生了极大兴趣。在选择国外大学和专业时,更偏向于历史类和哲学类。

这遭到了父母尤其是父亲的坚决反对。父亲说:“你得学理工科,因为理工科更好就业,你再喜欢文科也必须放弃。你看看就业形势,无论在国外还是国内,文科的就业前景都没有理工科好。”

儿子说:“我实在不喜欢理工科。学文科,教教书,写写文章,是我的人生理想。你们逼着我选择理工科,可我对理科一点儿感觉都没有啊。”

但是,父亲却坚持自己的意见。儿子拗不过父亲,只好苦着脸接受了。在国外读书的日子里,他还是经常和父亲为自己的专业争执不下,最后,他瞒着父母重新选择了专业。

但为此,他又陷入了一旦被父母发现该怎么办的担心和苦恼中,整日心神不宁。

案例反思

很多父母就像一把雕刻刀,要把孩子雕刻成自己所希望的

样子。

为什么有些父母决意要让孩子按照他们为孩子设定的人生方向走?

因为他们凭自己的经验和认识判定,沿着这个方向孩子更容易“成功”。而“成功”比什么都重要,它将决定孩子一生是否幸福。

他们担心孩子上不了大学,担心他找不到一份好的工作,担心他落后于人,担心他不能自食其力,担心他因为不努力而受尽屈辱。

父母不知花了多少年,差不多是半辈子才明白,一个人如果连最起码的衣食住行都保证不了,到头来整日在物质金钱下步履蹒跚,实在太苦;比吃苦更难耐的,是连带受气。而一个人越“成功”,就越有机会、越有能力避开生活的艰难。

在他们的意识里,孩子只有努力读书学得一技之长,才能在进入社会后拥有选择的权利,去选择相对轻松的工作。如此才能挣脱被迫谋生的牢笼,感觉生活有意义、有成就感。而体面良好的工作与成就,才会有生活自主和个人尊严,才会有人生的快乐。

但父母不知道的是,孩子不能自主选择自己的喜欢的事,选择自己向往的未来,处处被动执行别人的命令,就不会有生命的激情和活力;没有激情和活力,就不会有蓬勃向上的精神,就不会有幸福快乐的人生。

父母也不知道的是,是因为他们自己精神深处缺少人生的安全感,才这样处处限制孩子,为孩子设定人生路线,强制孩

子执行，而剥夺了孩子的自我选择权、自主生活愿望，压制了孩子的内在生命力。而父母内心越是觉得不踏实、不安全，越是会表现出固执坚持的正确感，越是刻意设计和指点孩子的未来。

父母们更认识不到的是，如果他们连自己都无法面对内心深处的担忧恐惧，又如何能真正爱孩子、引导孩子？又如何能正确合理地指点孩子的未来？

尊重孩子作为一个独立人应有的自主权，就是能为孩子创造空间，允许他们选择自己的爱好和事业，选择他们自己想要的生活和未来。而这，才是真正的爱，才是最好的爱。

策略与建议

人都需要关爱，这种爱，或者通过爱本身，或者通过信仰，或者通过教育，但对于父母更重要的，是在儿女成年之后，给儿女充分的自主权、选择权。

一个好的家庭，父母会把爱和信任给孩子。而一个不好的家庭，会剥夺儿女的自我，给孩子带来自我缺失，情感空虚，心理失落。

明确了这些，然后再去针对问题解决具体困境。

首先，就这个案例而言，做父母的要知道文科和理科到底有什么区别。学习文科的目的在于描述世界，将这个世界通过语言文字、绘画摄影、思考哲理各种手段，展现在人类面前。诸如历史、语言学、文学、社会、艺术、新闻、经济等，都属于文科大

类，那些情感丰富，喜欢观察世界的人比较适合文科。

学习理科的目的是认识世界、理解世界，了解世界的形成及变化原理。理科侧重于理论原理研究，它为改造世界提供理论和指引。涉足这一领域的人们对于世界更多的是思考其为何存在，如何存在，将来会如何发展变化，从而达到追寻真理、科学的目标。数学、物理、化学、生物、地质等都是理科大类专业。

学习工科的目的在于改造世界，更偏重于生活实际及科学的应用。我们生活中大到航天飞机，小到手表中的一个零件，都是工科的应用。工科就是将理论付诸实践，更适合动手能力强又富有创造力的同学。机械、工程、建筑等都是工科专业。

在此基础上，父母应尊重儿女喜欢的专业方向，以兴趣为核心。

兴趣，永远是驱动一个人在专业领域有所建树的最大动力。孩子唯有真正遵从学习者自己的内心，才能愉快学习，激发个人潜能。激发了潜能的人，才会热爱专业、热爱工作、热爱生活。

从社会现实看，孩子的专业也不等于就业。

在发达国家，大学所就读的专业和一个人将来从事的职业没有必然联系，除了某些专业性比较强的工作，很多工作都是对专业没有要求的，这时候就需要你有能够胜任这份工作的能力，你在大学所收获的领导力、与人沟通合作的能力都是你在寻找工作时的优势。

因此，在孩子选择专业的时候，父母可以不把未来的工作考虑得那么重要，而应该根据孩子自己的兴趣来。如果考虑好将来要做什么工作，孩子在大学期间就可以开始准备了，为将来的工作积累经验和社交能力，找工作时也会轻松很多。

另外，回到现实里，也不是理工科就一定好找工作。一些人为了兴趣去学，他们享受追逐真理，解决难题的感觉。而文科也没有大家想象的那么难就业，如果你连毕业都很难的话，不管是文科还是理科，就业都会是一个问题。

所以，父母要明白，孩子在学习生活之外，最需要提高的是个人的综合能力，比如与人沟通交流的能力、应变能力、思维能力等。在学习期间，孩子利用学校的环境、氛围、导师和同学们对你的影响，开阔视野，形成成熟的思想，相比书本上的知识，更重要的是你的思维习惯、学习方式、解决问题的能力。

人生哲学

对孩子，你可以给予他们的是你的爱，却不是你的想法，因为他们有自己的思想。

我国台湾作家吴晓乐有一本小说叫《你的孩子不是你的孩子》，后来被改编成电视剧，风靡一时。无论是小说还是电视剧，《你的孩子不是你的孩子》说的是父母对孩子，如同遥控器一般的中国式亲子关系，让不同生存环境的孩子，在学业和人生问题上，全都产生了与成人世界违背的矛盾，并且这矛盾在当下中国家庭里几乎无解。

向社会呈现这些，是基于吴晓乐在大学毕业之后，通过做家教的方式，花了7年时间在台湾地区不同阶层的家庭进行的暗访。他发现，不论是贫穷、小康还是富有，每个家庭里的孩子多少都有着这样或那样的问题，几无幸免。

即使阶级不同，这种扭曲状态的来源却都是同一个：孩子在父母眼里并没有被当成独立的个体，他们没有得到真正的尊重。

“我是为你好！”这句话，幸运的孩子可能会少听到几次，不幸的孩子可能会伴随终生。

当社会产生了一套固定的生存法则，多少人的人生都是被父母逼出来的，你必须当律师，你必须考上研究生，你必须当上公务员……

有很多孩子无法自己做选择，只能被迫接受父母为他们所做的决定，痛苦不堪，又伤心欲绝。

绝大多数父母不知道，或者知道了也拒绝接受、更拒绝实行的是：你有你的思想，孩子有孩子的思想，你有你的人生，孩子有孩子的人生，尤其是当他们成人之后，有独立行事能力之后，你不能用自己的思想和选择取代孩子的。

你替孩子选定的，强迫孩子去走的，只能是你的人生，不是他们的。

请好好思索一下黎巴嫩作家、诗人、画家纪伯伦，在近100年前留给我们的这句话吧：

“他们是生命对于自身渴望而诞生的孩子……你可以给予他们的是你的爱，却不是你的想法，因为他们有自己的思想。”

3.“不许再打篮球了，你得把打篮球的时间用在学习上！”

亲子关系上的专横是最疏忽不得和最普遍的一种专横。在爱的名义下它播下了仇恨和挫败的种子。

——莫里斯

在当下中国，应试教育与强大的升学压力，促使绝大部分家长把学习成绩好坏当作衡量孩子是否优秀的重要标识。

为了让孩子学习成绩更好，不惜付出任何代价给孩子报各种补课班，还不知不觉地挤压孩子的个人空间，希望孩子把时间都用在学习上，用在提高成绩上。一些家长甚至采取强制手段让孩子放弃爱好，认为爱好会耽误学习时间，必须舍弃。

他们的本意是让孩子朝着理想的方向走，希望孩子因为学习好而上个好大学，将来能像他们期望的那样成功、成才。这种愿望是美好的，可很多家长忽略了孩子自己的感受，蛮横地剥夺了孩子选择自己喜好的权利。

案例

一个朋友的儿子从小就喜欢打篮球，一开始父母觉得打篮球能让儿子的身体得到锻炼，对儿子长个子、增强意志力有利，还是很支持的。但是进入高中尤其升入高二之

后，父母觉得他打篮球太耽误学习时间了，于是强迫儿子停止打篮球，要儿子把打篮球的时间全部用到学习上。

儿子太喜欢篮球了，他觉得每天打一个小时篮球不仅锻炼身体，更重要的是在运动中可以缓解自己的学习压力。于是就和父母据理力争。无奈父母的态度非常强硬，采取盯人战术不准他去球场。

儿子和父母大吵一架之后，闷闷不乐，学习成绩不仅没提高，反而下降了。父母觉得儿子是有意和自己作对，故意反抗，对儿子一场大骂，恼怒至极的爸爸就差动手打他了。

案例反思

一个人的一生中，成就大不大，愉快不愉快，幸福不幸福，自我认可不认可，是很重要的，但更重要的是，是否能够始终保持探索未知世界的欲望和勇气。

可是，一个人如何保持探索未知世界的欲望和勇气呢？

本来，人的学习动机，也即求知欲、好奇心，是一种本能，是人的一种内在精神需要，源于认知的需要。同时，学习动机也是唯一的、被社会道德鼓励的本能。它不像攻击本能、性本能那样，需要不断受到超我的抑制。

按马斯洛的理论，这一块叫无压力区。但是，现实中很多人就是在这个无压力区里，反而发挥不出自己的活力。就像案例中的男孩儿，在被父母强迫停止打篮球，把打篮球的时间都用于学习后,成绩没有提高反而下降了。

其中主要原因就在于:他的家长不懂得教育原理,把孩子感兴趣的学习区域堵住了,连带着把孩子的整个学习区域凝滞了。他们不知道儿子打篮球也是一种学习,也是一种自我提升,还可能因为这种喜欢,引发并保持他的课堂学习积极性和能动性。

在中国,这不是个案,而是相当普遍的。

可以说,中国家长在剥夺孩子学习乐趣上,很多人都是无师自通,常见方法有:

比较法——你看人家孩子如何如何好。

内疚法——你对得起父母为你花的钱吗?

暴力法——觉得孩子成绩不好或者下降了,就上去揍一顿。

剥夺法——强制孩子放下所有的爱好,让孩子进行所谓一心一意地学习。

案例中男孩儿的父母强制性阻止孩子的课余爱好,不仅与他们个人对教育原理的正面认知不足有关,还与从社会各方面接收来的反面信息有关。

当今社会,似乎一切信息都在告诉家长,孩子的学习成绩是第一要义。为了学习,其他课余爱好都得让路,都是次要的。父母的主要职责,就是让孩子搞好学习,课余爱好那些东西,没用!

同时,父母的这种强制手段,在孩子那里引发了自我效能感的降低。

所谓自我效能感，是指人对自己是否能够成功取得某种成就，而做出的主观判断。例如，“我认为上课好好听讲就能取得好成绩，我就会好好听讲。”

而案例中的这个男孩儿意识里早已认为“我打篮球就能锻炼好身体，并缓解学习压力；缓解学习压力，我就能保持良好的学习状态和成绩。”

面对父母强迫他停止打篮球，他的意识里就产生了相反的判断和预测：“我不能打篮球，就不能锻炼好身体，也缓解不了学习压力；缓解不了学习压力，我就无法保持良好的学习状态和成绩。”

随着自我效能感的降低，他的学习效果也下降了。

策略与建议

父母干涉孩子兴趣可能会产生三大危害。

（1）父母干涉孩子兴趣会使孩子对自己的爱好产生片面的认识，认为自己没有眼光、没有本事，从而否定自己对事物的判断能力，变得没有自信。

（2）父母忽视孩子的兴趣爱好，不听孩子的解释，不从孩子的爱好出发，去了解孩子真正的爱好和兴趣，会使孩子觉得父母不能理解、尊重他，从而产生逆反心理。

（3）如果父母忽视孩子的兴趣，强加给他一些学习任务，就会使他产生抗拒心理。这时候如果家长恨铁不成钢，进一步加码斥责孩子，甚至打骂孩子，久而久之，会引发孩子产生逆反心理，致使一些孩子变得自卑并产生自闭倾向。

在现实生活里，人人都知道萝卜白菜各有所爱的道理。但一碰到和孩子学习有关的事情，父母就容易犯糊涂。很多父母并不认为孩子的课余爱好和兴趣，是真正属于孩子的，是孩子自我天地的一部分，而是认为那不过是孩子闹着玩的。

其根本原因在于，中国父母在儿女单独成家立业之前，几乎很少把孩子当作独立的个体，认为他们有独立的意志和独特的需求。

因此，建议父母们一定要改变观念，重新认识儿女和父母的关系，认识每个人作为独立个体的需求和特征，并因此充分尊重孩子的个体需求，尤其是在儿女有了自我选择能力、自我认识能力之后。

人生哲学

在一个家庭，权力和爱处于天秤的两边，如果权力越大，那么爱就会越少；如果爱越大，权力就会越少。

心理学家卡尔·荣格(Carl Gustav Jung)说，在人的内心，在一个家庭，在一个组织，甚至在一个社会里面，权力和爱处于天秤的两边。如果权力越大，那么爱就会越少；如果爱越大，权力就会越少。

因此，我们对一个人的权力欲越重，我们对他的爱也就越少；我们对一个人爱越多，我们对他的权力欲就会越少。

我们常常难以知晓的是，做父母的言谈举止和行事所为，很多都不是爱，而是权力欲。一旦权力欲横行，别说对孩子进行家庭教育，就连正常家庭秩序都难以保证，或者公开对抗，或者暗中较劲。

然而，做父母的并不知道自己是在进行权力扩张，是在进行强行干预，而以为是“我总是为你好”，是一个自认为善良的初衷。

更不知道这种强力行事，目的是树立自己的权威，其结果会使整个家庭都成为一个负能量场，自己已经成为孩子眼里的一种病毒，一种敌对。

为此，推荐纪伯伦这首震撼人心的著名诗篇——《你的儿女其实不是你的》：

你的儿女，其实不是你的儿女。
他们是生命对于自身渴望而诞生的孩子。
他们借助你来到这世界，却非因你而来，
他们在你身旁，却并不属于你。
你可以给予他们的是你的爱，却不是你的想法，
因为他们有自己的思想。
你可以庇护的是他们的身体，却不是他们的灵魂，
因为他们的灵魂属于明天，属于你做梦也无法到达的明天，
你可以拼尽全力，变得像他们一样，
却不要让他们变得和你一样，
因为生命不会后退，也不在过去停留。
你是弓，儿女是从你那里射出的箭。
弓箭手望着未来之路上的箭靶，

他用尽力气将你拉开，使他的箭射得又快又远。

怀着快乐的心情，在弓箭手的手中弯曲吧，

因为他爱一路飞翔的箭，也爱无比稳定的弓。

4.“你得在30岁之前把自己嫁出去，不然咋办啊？”

我愿独立自主和照自己的意思过生活；凡是我自己需要的，我欣然接受，我不需要的，我就决不希求。

——车尔尼雪夫斯基

自由恋爱，是现代社会普遍认可的恋爱准则，按照社会发展应有的原理，曾经的包办婚姻早该成为过去式了。

不幸的是，当今中国仍然有许多家长正在对儿女实施“中国式逼婚”。特别是逢年过节，儿女回家和父母团聚的时光，这种现象更是随处可见。为躲过逼婚炮弹，有些儿女忍无可忍之后，不惜与父母反目成仇。

有年轻人苦笑着调侃说，都什么年代了，不结婚还被看作“异类”，结了婚不生小孩就被家长视为“反动派”。

而自己逢年过节的时光，就成了七大姑八大姨加上父母双亲审判自己这种“异类”和“反动派”的法定日。

也不知从何时起，大龄未婚男女青年，被称为“剩男”“剩女”，几乎成为全社会好事者的重点讨伐对象。遭遇各类逼迫和攻击的“剩男”“剩女”，在种种无奈和心酸之下，深切感受到了“中国式逼婚”猛于虎的残酷。

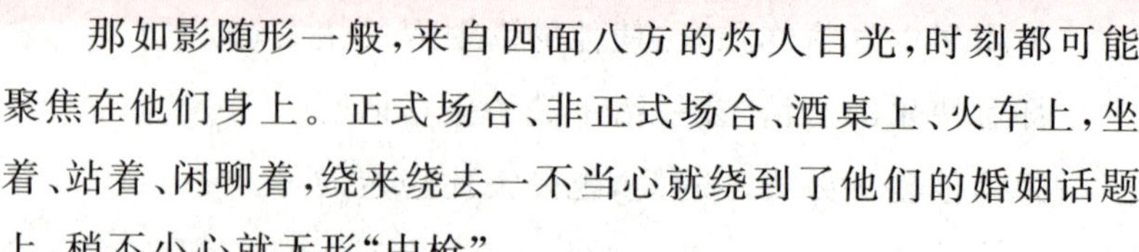

那如影随形一般，来自四面八方的灼人目光，时刻都可能聚焦在他们身上。正式场合、非正式场合、酒桌上、火车上，坐着、站着、闲聊着，绕来绕去一不当心就绕到了他们的婚姻话题上，稍不小心就无形“中枪”。

最让大龄青年招架不住的，是来自父母的逼迫与压力，这几乎成为他们心中抹不去的痛。

甚至有些大龄青年的父母，还在一些公园里建起了专门为儿女找对象的婚恋角。他们一有空就去那里，带着为孩子征婚的字条、展牌，跟其他父母交流信息，为儿女牵线搭桥。

案例

一个亲戚的女儿今年二十八岁，她的父母在她刚过完二十五岁生日后，就开始逼婚了。今年春节期间，她的母亲给她定下必须完成的婚姻目标——三十岁之前她必须把自己嫁出去，而且还要尽量在三年之内生孩子。

“其实，比起那些每逢过年过节要千里迢迢才能回家的年轻人，我算是幸运的了，父母就在本城。可是我真怕回家啊，宁愿待在自己的小窝里或者跟闺密在一起也不想回家。”

“因为只要一回家，就得听父母，尤其是母亲的唠叨：你得赶紧找男朋友啊，你看谁谁家的女儿都结婚了，有孩子了。你不为自己着想，也要为爸妈考虑啊，你这么大了还是一个人，你让我们怎么面对亲戚、朋友、邻居呢？再说我们也是为你好，你一个人我们实在不放心才逼你的。”

姑娘说："平时工作压力就够大的了，假日里好不容易轻松一下，可是哪能轻松呢？比上班的压力还大。找个人结婚容易，可是那得有爱情，不能为了结婚而结婚，都什么年代了！可是父母不理解，一有机会就说个不停，旁敲侧击，原本不相干的话题，他们说着说着，就又扯到婚姻上了。好吧，伤不起我总躲得起吧。"

案例反思

婚姻爱情现象，一直都是社会状态的一种影像，一种折射。

首先，从表面上看，父母对儿女的逼婚折射了当代社会里，父母依然受传统观念影响的现实。在他们心目中，男大当婚女大当嫁，是天经地义的。儿女结婚生孩子，才算是完成人生大事了。哪能不结婚呢？不结婚就是离经叛道！不符合社会伦理！

但实际上，这是我们当今社会普遍存在的心理年龄问题导致的，个人的心理年龄，社会的心理年龄——即便为人父母了，中国父母的心理年龄仍然未进入成年期，还处于儿童期，或者青春期。

一个人，达到成年期心理年龄，其第一标识就是懂得界限。

人生之中，任何人、任何事情之间都有其特有的界限，甚至不同的界限交错存在。然而，这些界限是无形的，眼难看见，耳难听闻。

家庭有界限，同学有界限，同乡有界限，同事有界限，国家

和民族也有界限。群体有群体的界限，个人有个人的界限，事情有事情的界限，界限无时不在、无处不在。

如果我们的心理年龄在儿童期，我们就不懂得界限，经常让别人过自己的界，让别人处处干涉自己，掌控自己。如果我们的心理年龄在青春期，我们不懂得界限，经常过别人的界，处处干涉别人，掌控别人。

就上面的案例而言，姑娘的父母就是分不清界限，在跨越界限，干涉成年女儿，想掌控成年女儿，也想掌控他们无法掌控的未来。而这在根本上是无法实现的。

一般而言，结婚必须有女儿喜欢的男朋友吧，女儿生孩子之前要结婚吧。婚姻除了是女儿的事，还包含了别人的事，我们不能越过女儿的界限，给女儿定结婚生孩子的目标。

就算女儿结婚了，也不一定会在三年内生孩子吧，还得看天意（自然的生育条件）。

界限模糊时订立的目标，必然会带来困扰，因为无论父母如何努力，有些事情也是无法掌控的。因为无法掌控，最后可能给自己带来很多烦恼。

人世间的烦恼多来源于忘了自己的事，操控别人的事，担心老天爷（自然而然）的事。

而且，我们所不知道的是，关于越界的问题，最严重的情况往往在家庭里面，父母作为孩子最亲近的人，也分不清彼此的界限。

身为父母，在儿女成人之后需要记住，守住自己的界限，那是尊重自己，守住别人的界限，就是尊重对方。

懂得界限，懂得尊重，正是每个人走向成年期心理年龄的第一步，也是真正进入现代文明社会的第一步。

策略与建议

提醒正在对儿女进行逼婚的中国父母，要明白“中国式逼婚”对儿女的三大伤害。

(1) 现在的年轻人相对早熟，在结婚之前没有谈过恋爱的人寥寥无几，也就是说，他们对自己的终身大事在某种程度上也很在乎，面对周围同事、同学或朋友结婚心里也会莫名着急，怎奈恋爱中的分分合合让他们还没找到真正适合结婚的人，婚姻败给物质的情况也很多。

换句话说，父母对儿女的逼婚不但起不到积极作用，反倒在优选爱人的路上增加重重压力。

(2) 父母结婚的那个年代，物质资源相对贫乏，“房子”和“票子”构不成对婚姻的威胁。但现代人活得都比较现实，事业和婚姻齐头并进的观念逐渐代替了先成家后立业的婚姻观念。

父母对儿女的逼婚，不但会影响儿女的工作情绪，更会打乱儿女们对自己的人生规划。

(3) 当“中国式逼婚”猛于虎的时候，儿女会以孝为大，接受父母所谓的相亲，也或许前几个相亲对象会以各种幌子拒绝过关，但随着相亲对象的递增，将会颠覆原本的爱情观。为了不再承受父母的唠叨，就会闪婚。

在没有感情基础，不了解对方性格，只是以貌取人，以工作

作为审视婚姻硬件的条件下草率牵手，殊不知，婚姻过程中性格是非常关键的环节，当婚后不能够容忍和适应，注定要面对闪离的厄运。

每个时代都有每个时代的婚姻观，婚姻原本是美好的，千万别让“中国式逼婚”成为年轻人的人生负担。面对逼婚，希望父母对儿女多一些理解，少一些浮躁，更不能因此模糊人与人之间的界限，打着为了儿女好的旗号，干着伤害儿女的事情。

人生哲学

儿孙自有儿孙福，莫与儿孙作远忧。

中国父母对于儿女的婚姻总是各种牵肠挂肚，焦虑万千。没有对象的，就跟在身后逼着找对象；有对象的，就开始各种逼婚；结了婚的，又开始逼着生孩子；生了孩子的，又开始催着生二胎……

仿佛做父母的一生精神寄托与追求，都放在了儿女身上，孙辈身上，子子孙孙，无穷尽矣。

中国父母自己不清楚，如此这般活得太辛苦、太操劳了，很多时候出力不讨好，一代又一代，每一辈子的责任与使命仿佛就是盼着儿女早日成家，早日生子，多子多孙，否则人生就不够完整。

这种轮回与循环，让一代又一代中国人活得很憋屈，却迷途不知返地乐在其中。

对于家有大龄未婚儿女的父母来说，如何让孩子尽快完成婚嫁确实是一个老大难问题，牵肠挂肚，甚至焦虑万千。做父母的不妨多站在儿女的角度上考虑，把儿女的婚姻放在生存状态甚至生存哲学的高度去理解去对待，也许很多问题就会迎刃而解。

(1) 要冷静想清楚为何要逼着儿女完成婚姻大事？目的与意义在哪里？

在这个现代化的社会，儿女都有独立的工作、独立的人格、独立的自由追求。就婚姻而言，往昔那种找个人搭伙过日子，一个人负责挣钱养家，一个人负责照顾孩子操持家务的时代结束了，为了传宗接代娶媳妇、嫁人的时代也结束了。

对于很多青年而言，结婚就是找一个人，像两株小树一样，依偎在一起成长，彼此是有精神共振的伙伴和知己，互相支撑，互相信任，共度人生旅程，在漫长的岁月里，携手默契而行，一起成长，一起到老。

所以，很多大龄未婚青年，之所以还单身，很大程度上是因为他们还未找到这样的人。他们从父母一生的婚姻实践中得知，婚姻注定是由一个个琐碎、平凡的日子串连起来的，平平淡淡是婚姻的底色。如果没有一定的心心相印和精神相通，没有足够的彼此信任和互相理解，很难度过漫长的平淡和艰苦。

与其冒着半途而废、半路分手的危险草率地结婚，还不如单身好。

(2) 面对儿女在婚姻上的自我选择和特立独行，要站在人生的高度去理解与包容。

面对儿女当下在婚姻上的不急不躁和特立独行，父母千万不要表现出焦虑甚至逼迫。其实很多青年人对自己的婚姻大事也很焦急，但是和找一个不理想的、不适合的人结婚可能带来的后果相比，他们宁愿单身。如果父母不能理解这一点，会极大伤害儿女的心。

他们知道这个世界上真正关心他们的人，只有亲生父母。然而，来自最爱的人的逼迫，常常让他们倍感压力，也最让他们伤心。父母毕竟是他们心中最好的遮风挡雨的墙，如果这堵墙也成为他们的重压，对他们而言，他们便成了真正的"孤儿"。

(3) 父母一定要从爱的本质是实际行动这一生活高度，学会用行动表达自己对儿女的爱和信任，真正成为儿女的坚强后盾和最亲密的人。

面对儿女的迟迟未婚，做父母的一定要看到儿女这一代和自己这一代所处社会的不同，婚姻原则的不同，追求幸福内涵的不同。也要明白只有儿女生活得很好，才有条件、有能力吸引更多异性的目光，如果能够如此，孩子结婚只是早晚的事情。

如果自己只是为了应对外界压力，亲戚朋友的风言风语，或者满足自己一定要儿女结婚的心愿，对儿女逼婚，使得儿女随便找个人就嫁了或娶了，最终伤害的是儿女，伤心的是父母。

"儿孙自有儿孙福，莫与儿孙作远忧。"这个古训对当下的父母依然有教诲意义：儿女自有生活路，自有他们的福分，父母不必过于操劳担忧，过度的干涉和逼迫，反害儿女。

父母所能做的，就是给予子女充分的理解、持续的包容、真诚的信任。

5.“我母亲一直倾向于把我关在家里，按自己的喜好包办事情。”

如果想让孩子长成一个快乐、大度、无畏的人，那这孩子就需要从他周围的环境中得到温暖，而这种温暖只能来自父母的爱。

——罗素

这是一个焦虑的时代。社会竞争越来越激烈，阶层固化越来越明显的现实，让每位父母都在为孩子的未来焦虑着。

为了他们理想中孩子的未来，竭尽全力，陪孩子上兴趣班、特长班、练琴、打球、学奥数、买天价学区房、省吃俭用后交纳昂贵学费，就希望能够换来孩子的所谓成功。

节假日，休息日，不管孩子愿意不愿意，喜欢不喜欢，累不累，像合谋了一样，家长们都在努力创造条件让孩子去学习。而绝大多数项目都是考级的，有证书的，有等级的。很多家长和孩子的根本目的就是拿证书，以此证明素质好，也作为将来进入社会的资本和条件。

也因此，一些父母有了轻重不一的强迫症，像一支利剑悬在孩子的头顶。他们替孩子选择特长班，坚持不懈陪读，监控孩子的各种学习，希望孩子的一切都在自己的掌控之中，生怕孩子输在人云亦云的所谓起跑线上。

于是，许多孩子在这种强制性的爱里，被剥夺自我选择权，被剥夺了无忧无虑的童年、少年快乐时光，像个陀螺，旋转在各类培训和课程之间，疲惫不堪。积劳成疾之后许多孩子患上了心理疾病、精神疾病。

案例

2018 年年初，网上一封题为《高考理科状元，十二年不回家过春节，与父母决裂六年》的万言长信刷屏了。

这篇文章的作者王猛（化名），从小成绩数一数二，四川一个地级市高考理科状元，被北京大学生物专业录取，本科后又成为美国排名前 50 的大学的研究生。

在这封信里，他详细讲述了自己与父母之间的种种经历：父母的过度关爱以及缺乏亲情，让他没能树立足够的信心。

他不避讳自己性格的“弱点”：“内向、敏感、不善交际”。究其原因是：“我母亲一直倾向于把我关在家里，按自己的喜好包办事情。”

小学一二年级——班里文艺演出要求穿齐膝短裤。“母亲却不由分说地让我穿长裤，我提出带上短裤备用也没被准许。”

五六年级时，自己对奥数很有感觉，而一开始母亲并不乐意让自己去学，一次在外参加奥数考试回来后，发现携带的文件夹不见了，找回后发现被人划坏并涂抹，“回到家后，母亲不但没有安慰我，反而说‘这下你知道外面的世界很精彩了吧’！”

高中时，王猛曾强烈要求到外地的学校上学，但遭到了父母的拒绝。尽管后来考上北京大学，也因社交障碍很难与人交往。

原本以为，考上北京大学就能远离家乡，逃离父母的“控制”，但依然没有。“就在离家前，家人要求我跟北京的大姨打电话，请她日后多多照顾”。但在王猛看来，这不是照顾，而是一种变相的控制。

不仅如此，他回忆往事时总结：向父母求助，从未得到支持。

小学时，他因为不会剥鸡蛋，遭到同学取笑，亲戚取笑。上高中时，一次向父母反映自己调座位后身边环境变得糟糕时，也遭到了父亲的打骂，“你凭什么要学校优待你？凭成绩好?”

大学前的一次旅行经历，让王猛至今难以接受：自己“被迫”参加父母“邀请”的一次毕业旅行，旅行团成员都来自父母的同事。“一路上，母亲都在不停讲述着我如何优秀和培养我的体验，让人很不舒服，尤其她的表情是愁眉苦脸。”

中途，导游当着全团人的面，拿王猛开了个过分的玩笑。王猛瞬间僵住，不知所措，而父母也没有帮他说话。回房间后，王猛问父母导游为什么这么说，却遭到了父亲的一阵教育责骂，“你马上要出去读书了，别人乱说话这类事会很常见的。”

“但实际上，我需要的是他们的一个反应，哪怕哈哈一笑呢?”王猛说，“他们什么都没有做。”

2005年春节是王猛在家度过的最后一个春节。曾取笑他不会剥鸡蛋的亲戚来到家里,“她见我正在做一件塑料模型就瞟了我一眼,笑道‘原来你只有玩模型时,动手能力才不那么差’。”

因为剥鸡蛋的事,多年来频繁遭到嘲笑,王猛没有忍住,猛地站起来怒视相对。“这次,父母依然没保护我,也没对亲戚说‘不’。”

一直到他出国留学,“仍无法摆脱父母的控制。”大学毕业后,王猛进入对口专业机构上班,但因动手能力差,交流也出现问题,自卑的心理导致很多事情受阻,只好离开,此后的几份工作也都不顺利。

之后,王猛凭借英语优势决定出国读研。然而父母的“关爱”如影随形,随后就找了一位在美国的“老朋友”照顾他。在与家人的通信中,王猛讲述了与这位朋友并无共同话题,父亲却依然要求他学会跟有问题的人交往。

王猛意识到自己性格中的“弱点”,并强烈认为这与家庭教育有直接关系。所以他在美国读的是心理学研究生。他希望心理学能够帮他与过去抗争,“搞清楚自己到底为什么会这样”。

在美国,王猛曾有一段时间不由自主地会想起从前沮丧的事情,注意力难以集中。他找到学校的心理咨询中心,第一次做咨询他足足讲述了六个多小时,“咨询师说我几乎有了创伤性应激障碍的所有症状”,但父母依旧不以为然。

于是，2012 年前后，他发出一封长长的决裂信，王猛拉黑了与父母所有的联系方式，与“家”彻底告别。他不再主动联系家人，也几乎不回复任何信息。研究生毕业后，王猛回国在一所高校做起了心理学相关的项目研究。至今父母不知道他身在何处，最多的信息莫过于“在北京”。

最近十年，王猛仅回过一次家，是 2015 年为了更换过期身份证，整个行程仅在老家待了六个小时，只因需要向父母拿户口本，在家中停留了不到十分钟。

这些年来，母亲都会在春节前给儿子发去短信，询问其是否回家过春节。仅有的两次回复还是在几年前，而回复也极为简洁，“有事，不回”和“不”。

案例反思

这对父母到现在还不懂，前十七年的过度控制对儿子造成了一辈子的心理创伤，他的性格都形成了，后十七年你要让他改变的可能性太小了。

从陈述的情况看，这家的父母不尊重孩子的想法，总觉得成绩好听话就行，但孩子不是你炫耀的工具，他是一个独立的个体。

现实中很多父母的世界观都比较狭隘，总以自己的想法臆断事情，然后让孩子服从他们的臆断，压根儿不想听孩子的想法。产生矛盾的最主要原因是孩子不愿意说，父母压根儿不愿意听，总觉得孩子的那些事都是小孩儿玩笑，没啥影响。

但是父母们不知道，那些所谓的小事，对孩子来说都是大事。这些小事不断积累，就可能影响儿女的一生。

当父母在孩子成年之后，发现孩子依然不懂人情世故，不善言辞交际，落落寡合的时候，切不可一味寻找孩子的原因，而是反身而求，反观自己。

作为家长，摧毁一个孩子很简单——摧毁他的自尊和自信就行了。为人父母者，更应该明白孩子不是私人财产，越控制越疏远，学会尊重，各得其所。

策略与建议

网上有人列举中国父母的十种常见毛病，做父母的可以对照自我，有则改之无则加勉：

(1) 一碰到朋友就谈论自家孩子；

(2) 处处打压孩子自信；

(3) 自己闲着让孩子学习；

(4) 不停地与别人家的孩子攀比；

(5) 强迫孩子做交际筹码；

(6) 有“功劳妄想症”；

(7) 为安全感和评价可以牺牲孩子利益；

(8) 把包办一切包装成爱；

(9) 先是砸锅卖铁，随后道德绑架；

(10) 不敢面对自己真实的动机。

对于儿女而言，也应该多读一些心理学教育学的书。一个人对家庭的怨恨和挫败感，固然与童年有关，与原生家庭的局限性有关，但要消除其负面影响最主要的还是自己。

其中，最核心的，是建立其他优质的情感关系，重新塑造信心和勇气，如友情、爱情、别的亲情。如果有信念，最好的还是修复和父母的关系，重建和父母的亲情世界。面对、放下、改变、重新开始。

面对这样的父母，与其谴责，不如体谅；与其批判，不如引导。

这才是创新，创生。

人生哲学

每个人在这个世界上，归根结底就只有三件事：自己的事、别人的事和老天（自然而然）的事。

作为现代社会的公民，或者成年人，亟须懂得人与人之间的界限，懂得全局观念，懂得处理事情的次序，让自己一步步地走出青春懵懂的心理年龄状态，向着成年期加速成长。

每个人都有自己人生中的大问题，无论事业做得大还是小，当我们遇到人生中重大问题的时候，在界限、全局、次序的基础上，尽可能地实现合作，也许这将达到一个全新的境界。

当我们的心理年龄跃升到成年期之后，才能恰如其分地把握界限，处理好人生中的各类事情。

每个人在这个世界上，归根结底就只有三件事：自己的事、别人的事和老天（自然而然）的事。

如何把这些事情处理好？

第一步，懂得界限，分清楚哪些是自己的事、哪些是别人的事、哪些是老天（自然而然）的事。

第二步，懂得掌控各种界限的策略。值得注意的是，当界限不明、区分不清的时候，我们常常忘了自己的事、爱管别人的事、担心老天的事。

第三步，分清楚三件事以后，针对不同的事分别采取不同的办法：对自己的事全力以赴、对别人的事尊重、对老天（自然而然）的事顺应。

西方那句名言——“上帝，请赐予我平静，去接受我无法改变的事情；赐予我勇气，去改变我能改变的事情；赐我智慧，去分辨这两者的区别。”说的基本上也是这个道理。

四、无法满足的爱

蒋勋在《破解达文西密码》中说：人类生活在愚昧无知中，打不开生命的密码，往往是自己对身体充满了禁忌，对生命充满主观的、先入为主的偏见。……我们仍然像蜷缩在幽暗中的胚胎，等待被唤醒。

在家庭中，真正的好父母，不是那些对着儿女评判是非、指出对错的人，也不是那种时刻高举着棍子，对着孩子劈头盖脸打击的人，而是能够让与儿女成长提高相关的事情变得更好的人。

生活中有这么一类父母——总是对孩子的学习成绩不满意，尤其是母亲，除了不断督促唠叨，步步紧逼之外，还不断给孩子订立新的目标，比如这学期期末，你必须进入年级前五十名，语文、数学、英语三门主科必须保持班级前三名。

孩子经过努力有了明显进步，却极少表扬，而是以"虽然你……有点进步了，但是你……还不行"的句式表达自己的不满，对孩子的成绩好像永不满足。

而当孩子面对父母永不满足的要求感到委屈，向老师、亲

戚、长辈求救时,得到的劝慰却是这样的:

"你妈妈对你不满意,说明她对你的期望很高,而你没有达到她所期望的目标,建议你和妈妈多交流,知道她心里所思所想,她对你不满意在哪些地方,然后你再按照妈妈的期望去努力。不要生气,妈妈都是为你好,她只是想让你更优秀。加油孩子,你一定能成为妈妈的骄傲!"

这样的劝解,真是隔靴搔痒、缘木求鱼。

1. "你这次数学虽然考得不错,但你的物理还没上去啊!"

一家人能够相互密切合作,才是世界上唯一的真正幸福。

——居里夫人

很多父母为何总是对孩子有着永不满足的要求？为何对孩子的成长和进步永不满意？

心理学上有个概念叫青春期心理年龄。青春期心理年龄不是指青少年的心理年龄，而是指一个人在成年之后，在遇到人生的重大问题和困境时，处理起来仍然停留在青春阶段的心理水平。

这类人通常表现为过度的自我意识，难以兼顾到自我与世界的平衡。他们常常表现为一方面心理上追求独立，另一方面忽略了对环境的客观依存。当他们心灵开放的时候，会积极进取、敢于竞争、敢于迎接挑战、敢于负责任，在某些方面表现出优秀的才干。反之，当他们心灵封闭的时候，就表现为叛逆、对抗、容易挑刺、情绪偏激。

他们看待事情时往往只看到反面，看待人则容易看到别人的不足。这样就很容易产生不满、愤怒和指责。纵然是希望改变，通常做法却是去对抗。对事，要求完美；对人，逼迫改变。

结果自己很累不说，还可能引发很大冲突与反弹，距离想要的效果越来越远。

生而为人，都存在好的一面和不足的一面。但对于青春期心理年龄的人，非常容易只看到别人不足或缺点的那一面，然后指出来，以这种方式来“帮助”别人进步。

案例

有个憨厚老实的男孩在重点高中就读，由于当初进入这所高中时成绩在班级是垫底的，所以他给自己的压力已经

足够大了，学习也一直很努力。

除了在学校学习之外，他还听从父母的安排，周末上了几个提高班，很少有休息的时候。几乎所有的时间，他都在学校—家—课外提高班之间往返，非常辛苦。

高一结束时，他的学习总成绩超过了他前面七个同学。在大家都是高手，同学之间竞争力很大的情况下，这已经很不容易了，也是很大的进步了。他很欣慰，觉得自己的辛苦有了不错的结果，也没有辜负父母的期望。

谁知当母亲知道他的成绩之后，并没有表现出多少开心，拿着他的成绩单，母亲一如既往地凝重地说："你这次名次提高了七名，没啥了不起，总分是提高了一点，但是你比你班里那几个进步更大的，还差得远呢。还有，你这次数学虽然考得不错，但是你的物理还没上去。"

仿佛一盆冷水泼下来，一进门还是欢欣鼓舞的儿子一下子愣在了那里。

母亲似乎没有察觉到儿子的情绪变化，自顾自地继续唠叨：你应该加油，死命赶到班级前面去……

案例反思

那些心理年龄还处于青春期的父母，之所以总对孩子有着永不满足的要求，对孩子的成长和进步永不满意，很容易关注孩子的不足，是因为三个潜在的原因在起作用。

（1）事实存在。人无完人，没有人是完美的，只要是人，本身都存在不足和缺点。

(2)生理因素。心理年龄处于青春期的人,关注点是向外的。当我们的眼睛向外看时,可以毫不费力地环顾四周。但如果想看看自己,就需要借助镜子才行。

(3)心理因素。能够看到别人的不足和缺点,似乎说明我比你强,可以得到自我心理满足,满足潜意识里的一些需求。

就像案例中的这个母亲,通过指出儿子的不足,就能一下子不自觉地让自己处在更高的位置:妈妈比你厉害,你就得听我的,你还得加油努力。

这是一种最容易得到的内心满足感。

世界上的基本规律是,要想有回报,必先有相应的付出。然而,当我们指出别人的不足时,竟然可以无须付出任何努力去把事情做得更好,只需指出别人的不足就可以证明自己比别人好了,就可以轻而易举地得到内心的满足。

这是隐藏在内心深处的一个秘密,这个秘密,往往做父母的自己也未曾觉察。

策略与建议

对于案例中的母亲,如果她的儿子属于内在生命力较弱的,他就会努力让自己尽量按照父母的要求去做,也尽量达到父母订立的目标。其代价就是非常累,用尽了力气似乎也不能让父母满意。为此,他会变得沮丧、自责,不知如何是好。

而这个母亲对自己的心理状态却不自知,不明白自己对不断进步的孩子总不满意是一种挑刺、偏激,是有问题的,还觉得

自己是为儿子好，还常常以“我是为了你好，所以你要听话”的姿态对待孩子，不断地要求孩子，不断地给孩子订立新的目标，逼着他去实现。

这是一种潜意识的反应，而这个母亲没有充分意识到这种模式的存在，但她在客观上让人很难接近，也就割断了自己与外界的交流和互动，听不进去别人的话，觉察不到别人的变化与进步。

这种自我封闭方式，令她无法在同外界的交流中得到完善、成长和进步。

此时，这样的父母最需要做的是先把心门打开，让自己进入心灵开放的状态中，通过学习和分享，慢慢完成内在的自我成长，让自己的内心变得更强大。

在日常生活里，我们经常会打开门窗通通气，让阳光照进房间，如果不这样，房间里面就会发霉变质。

人的心灵也一样，如果长期紧闭，不通空气不见阳光，就会性格怪异行为偏激，成为一个病态的人。

一位禅师曾说：“一个人面对外面的世界时，需要的是窗子；一个人面对自我时，需要的是镜子。面对外面使用窗子，才能看见世界的明亮；面对自我使用镜子，才能看见自己的真实。”

无论如何，最重要的是打开心门，让真实的自己汇合内外的滋养。

人生哲学

真正的人才，不是能够评判是非、指出对错的人，而是能够让事情变得更好的人。

美国学者马歇尔·戈德史密斯曾经写过一篇文章《你不能只会抱怨》。

他在文章中说：

我在加利福尼亚大学洛杉矶分校就读的时候，弗瑞德·凯斯博士既是我的论文指导教师，也是我的老板。我的论文主要内容均涉及洛杉矶市政的咨询项目，这是我走向咨询行业的第一步。

那个时候，凯斯导师不仅是加利福尼亚大学洛杉矶分校的一名教授，还是洛杉矶城市规划委员会的领导。仅就此而言，凯斯导师就堪称对我最重要、影响也最大的人。

尽管凯斯导师生性乐观开朗，但这天他看起来非常气恼。“马歇尔，你到底怎么回事？”他严厉地责备道，“市政厅的一些人常对我说，你在那里似乎很消极，易发怒，好评判，这究竟是怎么回事？”

“教授，你根本想不到，市政府的效率是多么低下，发展目标也存在着严重问题。”我愤愤不平地对我的导师说道，“那里存在的毛病实在太多了。”

“多么了不起的一个大发现！”凯斯导师揶揄道，“你，马歇尔·戈德史密斯先生，居然发现了我们的市政府是一个效率极低的政府，真不简单！但我还是要很不情愿地告诉你，马歇尔，街边角落的那个理发师早在几年前就告诉过我这一点，他和你有完全一样的发现，甚至他发现的问题比你还多。你还有别的什么让你烦恼的事情吗？”

凯斯导师的讥讽并没有吓倒我，我继续愤慨地指出，市政

府的许多举措都明显地偏袒那些曾经慷慨捐助的富人。

这一次，凯斯导师笑了起来。“第二个重大发现！”他说道，“你的评判能力的确很高，你的眼光也非常锐利。但是，我不得不遗憾地告诉你，那个理发师也早就发现这一点了。我的孩子，我实话对你说，以你现在的状况，我恐怕不能给你颁发博士文凭了。”

他注视着我，脸上呈现出经历丰富的人才会具备的睿智神情：“我知道，你一定认为我老了，跟不上时代了。但请你允许我以一个过来人的身份说一下我的看法。我认为，你现在的言行，对将来有可能成为你的客户的人绝不会有丝毫帮助，对我，对你自己也没有什么帮助。”

现在，我可以给你提供两种选择：①继续你的愤慨、你的消极、你的评判。如果你打算选择这一项，我会解雇你在市政厅的工作，而且，你永远也别想在我这里拿到博士学位。②做一个能不断提出建设性的且具可行性的意见和方法的咨询家，而不是评判家，让事情因为有你而变得越来越美好。我的孩子，你选择哪一个呢？

我最终回答道：“凯斯导师，我明白我错在哪里了。”

凯斯导师欣慰地笑道：“你是一个聪明的年轻人。”

我从凯斯导师那里学到了我一生中最重要的一课。真正的人才，不是能够评判是非、指出对错的人，因为几乎每一个人都能做到这一点，真正的人才是能够让事情变得更好的人。

在我此后的职业生涯中，我绝大多数的时间都和各大公司的领导共事。从他们身上，我也更进一步领会了凯斯导师的忠告，这些成功的领导者，无一例外都在致力于使公司更具竞争力，更加美好，而没有一个是置身事外的批评家或评论员。

2. “才第十？你得给我好好学习，考试得第一比什么都重要！”

使你的父亲感到荣耀的莫过于你以最大的热诚继续你的学业，并努力奋发以期成为一个诚实而杰出的男子汉。

——贝多芬

通常，由母亲的温馨、善良、关怀、呵护、哺育所营造的家，总是弥漫着一种人类所特有的温暖。

辽阔苍天，苍茫宇宙，天地之间只有母亲所在的地方没有尔虞我诈，没有欺骗与背叛。即便天塌地陷、海枯石烂，母亲对我们的爱也不会改变。

正因如此，通往故乡的道路才永远让人倾心，让人流连。对于那些在名利场上拼杀归来的游子来说，不管是飞黄腾达还是遍体鳞伤，母亲都会温情地迎接我们，用她那不知疲倦的温馨抚去我们身上所有的尘埃和伤痕。

母亲所在的那个家，是生命之旅的始发港，也是人生奔波的目的地。在我们的记忆里，母亲永远是在背后默默支持和付出的那个人，无怨无悔。

从这个意义上去理解“俄狄浦斯情结”，就会让我们豁然开朗。只要是人，无论男女，都会永远渴望母亲一样的关爱。或

者说，“恋母情结”与生俱来。

然而，也有很多人都是在没有了解父母应该承担什么责任的情况下就做了父母。在如何培养孩子与如何对待孩子方面，他们没有经验，也没有培训。更重要的是，很多父母本身存在诸多一直未能解决的问题，尤其是一些心理问题。

所以，从某种意义上来说，很多父母其实是不合格的，在承担培养子女这件大事上力不能及。

于是，在儿女教育上就会出现一些矛盾。父母对孩子期望较高，而他们不懂得这种期望是否切合实际，对孩子是否合适，是否科学，也不知道应该如何帮助孩子实现这种期望，只是一味地向儿女施压，就像赶车的车夫跟在车后不停对拉车的马挥舞鞭子，导致孩子对父母感到愤怒。

其中有些父母，脾气本来就不好，在社会上也是满腔的抱怨，对孩子培养又无能为力，就转变成了恶毒的语言攻击，还美其名曰“恨铁不成钢”。

这些父母对儿女的爱像玫瑰上的刺，变形成为利剑高悬在孩子头顶，会让儿女觉得是一种霸凌，在心中疼，甚至在心中恨。

案例

认识一个男孩的父母，他们都是做生意的，平时很忙。夫妻俩经过多年的打拼，家里也有一定积蓄，在衣食住行上对一双儿女比较大手大脚。上高一的男孩和他上初二的妹妹吃的用的都是同学中最好的，很让一些同学羡慕。

但是，上高一的男孩却对他最好的朋友说，自己和妹妹其实很反感父母，甚至有些恨他们，尤其是父亲。他觉得父母虽然都是高中毕业，衣着也还算体面，可真的没文化。

他们兄妹以前在乡下跟着爷爷奶奶生活，后来才到父母打拼的地方上学。乡下的教学质量跟这个城市不在一个层面上，尽管他和妹妹一直在努力学习，学习成绩和现在的同学差距逐渐缩小，父母却非常不满意。

最让他们兄妹忍受不了的，就是父亲经常对他们说：

“给你们吃好的喝好的，就是让你们好好学习的！可是你们的成绩呢，总是处于中游，上不去。你看人家的孩子，吃的啥？穿的啥？人家学习那么好，你们呢？真没出息！”

“为了你们，我都快累死了，学习那样儿，你们对得起谁？”

“一想起你们的学习成绩上不去，我就烦死了，你们就不能争口气给我长长脸吗？”

有时候，他们看到父亲为了忙生意很晚才回家，很心疼，就忙着去给刚进门的父亲拿拖鞋，接下他的包，给他倒水端茶。

父亲却拉着脸道：“少来这套！”

男孩忙说：“爸爸，我这次考了第十名。”他觉得自己进步不小，想让爸爸开心。

谁知爸爸说：“才第十？你得给我好好学习，考试得第一比什么都重要！”

他和妹妹经常暗暗伤心，感觉在父母这里就像生活在孤岛上，很压抑。他们想念乡下温和亲切的爷爷奶奶，怀念和爷爷奶奶在一起的日子。

案例反思

美国著名心理学家、儿童教育家布朗芬·布伦纳认为，父母与子女在家庭系统中是两个互相影响的主体，父母的管教行为是导致孩子问题行为（如焦虑、懦弱等）的一个重要因素。

在父母严厉管教的行为中，体罚是最具攻击性、危害性的。其次是心理攻击。

父母心理攻击，就是父母通过言语辱骂孩子、吓唬孩子等攻击行为，对孩子实施心理上或感情上的拒绝。也可以称为心理虐待、言语虐待、情感虐待、精神虐待。而心理攻击行为，在父母那里更是普遍存在。所谓“打是亲，骂是爱”，“棍棒底下出孝子”。

有研究结果表示，超过60%的青少年及儿童遭遇过父母的言语虐待。在心理攻击的普遍性上，男生遭受的父亲心理攻击的比率显著高于女生，男女生遭受的母亲心理攻击的比率性别差异不显著。

父母心理攻击会强烈摧毁孩子的自尊，催生孩子的焦虑。父母心理攻击越多，孩子的自尊水平就越低，焦虑水平越高。

依据社会认知模式理论，人的攻击行为是因为攻击者对于社会信息的错误理解而引起的，也就是个体对所面临的社会情境的认知过程引起的。

“这辈子家里的希望就寄托在你身上了”，是不少平庸家庭父母的口头禅。在他们心里，自己拼了老命也没有混出头，现实的竞争社会中找不到存在感。孩子大了，自己也差不多到头了，这辈子靠自己是没指望了，所以望子成龙，望女成凤。

而长期处在下层遭遇的种种不公、歧视、恶言恶语，以及习惯抨击世界和身边人的思维模式，也在影响他们，让他们难以走出自己的行为模式。

上述案例中的父母，尤其是父亲，虽然通过做生意挣了钱，但是长期做生意过程中的资金压力、经营压力、竞争压力，让他饱尝痛苦和心酸。他太渴望通过儿女的学习改变这一切，打一个翻身仗了。

这些情绪和心理的释放，再加上他的个体因素，包括自我控制能力、人格特点、归因方式、敌意性偏向等，引发了他的攻击行为。他对儿女的言语攻击行为只是其中的一个方面。换言之，儿女只是他寻找的替罪羊之一。

策略与建议

一把钥匙开一把锁，解铃还须系铃人。

社会学习理论认为，攻击行为是通过观察和强化习得的，也可以通过新的学习过程逐渐消除。因此，读书和学习，是消除和减轻攻击行为的决定性因素。

上述案例中的父母和儿女以及相类似的家庭，尽快发现家庭的问题是第一步，认知其中的真相、形成的原因是第二步，采取积极有效的措施是第三步。

首先，这家人的父母尤其是父亲，还有儿女，要能够了解人的语言攻击行为的形成，有的是由痛苦或不安引起的，是情绪性行为，其目的是伤害别人，给他人造成痛苦作为最终目标；有的则是工具性攻击，其目的是通过攻击获得所希望的奖励，或有价值的东西。

这个父亲的行为就是这一类。他试图通过对儿女施压、语言攻击等，让他们学习好，考出最好的成绩，然后考上最好的大学，进而得到体面的工作和地位，不再像他这辈子一样。

且不说这种方法如缘木求鱼，适得其反，仅仅让孩子去实现自己未能实现的梦想这一点，就是错误。

因为你的梦想是你的，不是孩子的；孩子有自己的梦想要实现，你不能强加于他们。

海桑有一首诗，叫作《你是个两岁的大女孩》：

你不是我的希望，不是的
你是你自己的希望
我那些没能实现的梦想还是我的
与你无关，就让它们与你无关吧
你何妨做一个全新的梦
那梦里，不必有我
我是一件正在老去的事物
却仍不准备献给你我的一生
这是我的固执
然而我爱你，我的孩子
我爱你，仅此而已

其次，是行动策略。那就是父母和儿女都要懂得习得性抑制，包括自我抑制、家人提醒、扩展积极情感、创造良好环

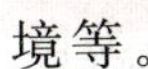

境等。

但是，以上两方面还只是技术层面的，更重要的是理念、情怀。

优秀的父母，会把孩子当作独立的个体、独立的生命形态。把爱当作生命的源泉，也把爱当作一种能力。

爱，是让被爱的人在自己面前感受到轻松、和谐、自在、温馨、安心、踏实的能力。

父母爱儿女，就是要悦纳他们，在悦纳的基础上才能产生有效的沟通。就像蒙台梭利教育专家孙瑞雪教授所说的那样："自由是爱的核心。爱孩子，就应该使孩子自立；爱孩子，就应该使孩子自尊。"

人生哲学

对每个人而言，"我"是"我"自己最大的敌人，也是"我"自己不幸命运的起因。

美国的迈克尔·杰克逊是世界顶级歌手、词曲家、舞蹈家，被誉为"流行音乐之王"，他魔幻般的舞步更是让无数的明星纷纷效仿。因为注射了过量的镇静剂，杰克逊心脏病发作，突然离世。那一年他五十岁，正值人生盛年。他的一生，既是辉煌成功的一生，又是纠结痛苦的一生。

杰克逊的父亲在杰克逊很小的时候就发现了他的艺术天赋，便开始了"造星"的教育计划。在杰克逊成长的过程中，父亲经常施以严厉的暴打、粗暴的辱骂，给杰克逊留下了极深的

心理阴影。天赋加上“造星”的教育计划，帮助杰克逊成为巨星；但简单粗暴的教育手段，却在他的心中造就了爱的沙漠。

杰克逊去世前立下遗嘱，将他的财产分给了母亲、三个孩子以及慈善机构，没有给在世的老父亲留下一分钱，这是为了报复父亲昔日的狠毒。杰克逊生前接受采访时，多次毫不避讳地提及儿时遭到父亲毒打的惨痛经历，他说，由于小时候经常被父亲打，直至日后成为巨星都很害怕父亲。

对于儿子的指控，老父亲为自己辩护说：“我从来没有痛打过他，只是拿鞭子或皮带抽过他，而且力道也不大。父亲打儿子，无可厚非！”

就像迈克尔·杰克逊的家庭一样，在一些家庭里，父母对孩子的教育也有明确的目标，孩子既有天分，也付出了努力，孩子不断接受父母的要求，却不能感受到爱。

这种家庭培养出来的孩子，长大成人后在事业上会有较高的成就。但是，他们是成功却并非快乐幸福的族群。因为缺少爱的润泽，他们在情感生活方面的能力会显得欠缺，家庭生活并不幸福。在成功的背后，人生并不美满，而是成为孤独的成功人士。当爱的能力严重缺失时，甚至会充满着不幸，这种不幸反过来会摧毁他们在事业上的成功，直至整个人生。

所以，父母不仅需要关注孩子，爱的传承对于孩子的幸福同样是非常重要的。

改变命运，从认知自我、疗救自我、改变自我开始。

3.“你每月都给我们零花钱，可隔壁家儿子给父母的更多……”

作为一个现代的父母，我很清楚重要的不是你给了孩子们多少物质的东西，而是你倾注在他们身上的关心和爱。

——诺埃尔

“只要你要，只要我有。”

在走过的岁月中，千千万万的家庭里，父母对于孩子就是这样不图回报，不计付出，倾其所有，倾其所爱。用他们的心，他们的命，他们的所有——只要他们有。为了儿女，日常中他们吃苦耐劳，披荆斩棘地劳作。

困境里，纵使是割肝救子，也在所不辞。岂止是低到尘埃里，很多时候他们差不多完全泯灭了自己。

遇到儿女所需，只要是父母有的，只要是父母能够做到的，他们都会毫不吝啬地呈现在儿女面前。看着儿女如花的笑靥，他们的心也就开出了花。

于是，在我们的意识里，全天下挚爱儿女的父母，几乎都是如此对待儿女的。父母对儿女的爱，没有条件，不求回报，它源自生命，强化于行动，绵延在所有的时空里，会促使父母调动身体和精神的最大能量，把自己能够奉献的一切都呈现在儿女面前，甚至生命。

“只要你要，只要我有。”这种情到深处的无我，足以打动所

有的儿女，只要儿女还有人之为人的血肉和精神。

但是，生活中也有一些父母在儿女成年后，以各种方式向儿女索取，因为生活窘迫，也因为各种各样的原因。而他们在向儿女索取过程中所说的话，令儿女伤心……

案例

在一个以家庭教育为主题的小型研讨会上，有人在谈到父母与儿女之间恩情与付出时，举了这样一个例子：

一个从农村走出来的研究生，经过多年的奋斗，在大城市买了房、安了家。他没有忘记父母的养育之恩，时常带着孩子回老家去看望父母。

不仅如此，他每个月都会给父母一定数额的零花钱。尽管父母还能劳动，每年蔬菜大棚种菜收入也不少。其实他自己的生活也不是那么宽裕，但他觉得这是一份心意，必须给。

每次给母亲钱时，看着母亲开心的样子，他就觉得很幸福，觉得自己有能力报答父母之恩是一件很舒心的事。

但是，有一点让他不开心，就是母亲经常有意或无意地跟他说起她养大他们弟兄俩多么不容易，吃了多少苦，受了多少罪；说他那个至今仍然在乡下种地的哥哥多艰苦，和他相比太穷了。

母亲还经常说起隔壁家的儿子，拿他和隔壁家的儿子作对比：同样是走出农村在城里扎根的人，人家的儿子强多了。

他知道那家儿子在北京混得不错，收入远远比他高。每当母亲说起"你每月都给我们零花钱，可隔壁家儿子给父母的更多"这句话的时候，他心里就隐隐作痛，有些难过。

有几次跟他一起回家探望父母的媳妇也听到了，虽然表面上没说什么，但他知道她不喜欢听公婆说这样的话。

案例反思

我们常常会听到这样带着道德高论的慷慨陈词：只要是父母，就有养育之恩，做儿女的，就必须报答！

但是，什么叫恩？

《说文解字》里说，恩，就是厚惠，就是给予的或受到的好处，如"受人滴水之恩，当涌泉相报"的恩。从父母和孩子的关系来看，孩子的生命是父母给的，但是，繁衍后代是动物的自然属性，在大自然里人和其他动物的这一属性都一样。花鸟虫鱼，飞禽走兽，莫不如此，江月年年，人生代代，一直未变。

而孩子降生之后从小到大给父母带来了很多欢乐，那些欢快的笑声，天然纯净的呼唤，给父母的帮助，给父母的支持，对父母的孝心，奋斗成功之后给父母带来的许多荣耀足以让父母幸福一生。

所以，从本能与属性上来说，父母养育儿女自然而然，是应尽的职责，也是繁衍延续存在自己的本能。儿女对父母的深情与回报，也是自然而然的。父母对儿女而言，不是恩情，而是亲情。

因此，真正爱孩子的父母应该明白：当你决定要孩子的时

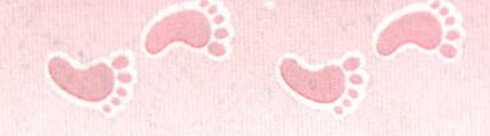

候，这个孩子就是你的天使。你用爱心去抚养教育孩子，一方面是动物的本能；另一方面是感谢这个孩子能够降临到你的家。

如此，做父母的应该用自己全部的爱心，不让这个降临到自家的孩子受委屈。父母和孩子的关系不是恩情，而是一种血肉亲情。

同时，身为父母也应该清楚——这种亲情不是生育所致，而是养育的结果。因为在抚养孩子的过程中，双方建立了一种默契的生存关系。把孩子抚养成人，让孩子能够自主独立地生活，这是父母必须承担的责任，而不是对孩子的恩情。

父母吃苦受罪养孩子，那是父母必须承担的责任，与恩情无关。

不懂爱的人永远不懂什么是真正的恩情，因为这样的人既不会做父母，也不会做儿女。生命受之父母，但是生命不是父母的恩惠。父母的恩惠在于当儿女需要的时候，他们能够永远地站在儿女的背后支持儿女，理解儿女，和儿女站在一起。

那些打着父母对儿女有恩，儿女必须报答父母养育之恩的旗号，来对儿女进行索取的人，行动背后潜藏着的是无知和自私。而无知和自私又导致他们把自己和儿女的关系当成某种看不见的交易。

策略与建议

在日常的各种关系中，要想通过表面来知晓别人语言和行动背后的心思，最可靠的办法就是通情达理。

遇到事情，我们先扪心自问：自己真的是一个通情达理的人吗？然后再问：对方是一个通情达理的人吗？

什么是通情达理？

它不是一个词，而是两个词——“通情”和“达理”，在处理事情的时候其次序是先通情，后达理，情不通，则理不达。

情是感性，和人相关；理是理性，和事相关。真正的通情达理，就是处理事情的时候，能在感性与理性之间，在人和事之间达成平衡。

我们如何建立起这样的平衡呢？有一种策略叫三层知人法。三层知人法就是由表及里，按言行层、头脑层和心灵层的三个层级，从一个全新的视角来看待一个人。

言行层是指一个人在说什么、做什么，有没有说、有没有做。头脑层是一个人的意识层面，包括逻辑分析、归纳、推理、记忆等，也就是通常所说的智力因素。心灵层是人的潜意识层面，包含情绪、感受等。头脑层是理性的，心灵层是感性的；从头脑层我们可以找到方法，从心灵层我们能够找到动力。

按照这个逻辑分析策略，案例中母亲说的话——她养大他们弟兄俩不容易，吃了很多苦，受了很多罪，以及“你每月都给我们零花钱，可隔壁家儿子给父母的更多”等，都得从心灵层面去寻找母亲说这些话的动力。那就是母亲觉得她对儿子有养育之恩，儿子必须报答。

当下儿子是报答了，但是还不够，还应该更多，还不能和她给孩子的付出对等，还不能让她满意。

这样分析之后，这个做儿子的就可以不那么烦恼了，可以

采取对应的策略：无法改变母亲的认识和观念，那就改变自己。一方面淡化母亲的唠叨和对比，另一方面从自己做起，建立自己应有的新型父母儿女观念：

我的父母对我有恩，不是因为他们生了我，而是因为在我的成长过程中，他们付出了心血培养我，教育和支持我使我拥有了今天。

我的伴侣对我有恩，是因为她对我无怨无悔的爱，对我的呵护、忠诚和分享使我拥有了幸福的家庭。

我的孩子对我有恩，是因为他们来到我的生活，让我体会了做父亲的快乐，体会了培养一个孩子的成就感。这些恩，都记在心里，用自己的方式报答。

当然，一个睿智的人，是不会要求对方报答的，也不会想着要报答，更不会觉得自己是在施恩，自己所做的都当作无私的奉献。即便是再亲的亲人，只要都能够独立生存并且快乐，就是最大的幸福。

有了这样的思想和观念，就不会抱怨谁埋怨谁，也不会要求甚至强求谁回报和报答了。

人生哲学

生活中常有一种让人迷惑的现象，那就是弱者有理，会哭的孩子有奶吃。

正如前文所述，权力与爱是此消彼长的拮抗关系。在家庭中，母亲总是喜欢那个最没有出息的孩子，父亲总是喜欢那个最有出息的孩子。为什么？因为父爱和母爱的根本差别就在于有权力欲和没有权力欲，父爱的理由是他值得爱，母爱的理由是他需要爱。

现实生活中，我们总会发现一个现象，在一个不止有一个孩子的家庭，父母总会偏爱相对弱一点的那个，经常会向强一点的那个索取东西悄悄给弱一点的那个，而且人们没觉得这样做有什么错。

要理解这种现象，除了要了解上述心理学家荣格关于权力和爱的原理之外，还要明白这种关于权力和爱的原理的潜在成因：弱者有理，会哭的孩子有奶吃。

首先，它源于一种进化规律。父母为了保证弱势子女的生存，不得不给予更多照顾，使他们的基因得以繁衍。父母偏心弱势孩子，在一定程度上保证了他们的成长。

其次，会哭的孩子有奶吃。弱者自身能力有限，只能求助于人，也就掌握了更多的求助技巧，利用它们获得偏爱。

此外，弱势子女通常无力在外打拼，不离父母左右，与父母的交流机会更多，因此获取的资源也就更多。

很少父母会明白：自己对弱势的孩子过于偏心，不但会伤害其他孩子的内心，而且会使弱势的孩子养成依赖他人的习惯，形成弱者思维，生存能力下降，甚至耽误终生，与父母的初衷相悖。

至于案例中的母亲常说她养大他们弟兄俩不容易，吃了很多苦，受了很多罪，以及拿自己儿子和隔壁家儿子相比，都是在潜意识中为了更好地行使母亲的权力，让自己的偏爱行为显得

合情合理罢了。

4. “考上‘211’有什么了不起？你又没考上北大、清华！”

父母和儿女，是彼此赠与的最佳礼物。

——维斯冠

对着父母，对着含辛茹苦的父母，我们总会有一份伤心的爱。

怀着这份爱，我们和父母之间就有了一份难以言传的心心相通，有一份他人无法知晓的骨肉相依，以及由此形成的在永别时悲凉无限的伤痛和绝望。

生活中有些男人能够对女人有种种怜悯，应该是从对母亲的怜悯和爱开始的。

因为从幼年起，那些一点点积淀起来的对母亲的怜悯和爱惜，包括母亲所吃的苦、受的累、受的委屈，以及母亲遭受的种种隐忍不发的伤害，才使得他们日后对女人有种种爱怜。

我们对痛苦的理解，很多也是从体验父母遭受的痛苦开始的。父母所遇到的各种被迫、无奈、有心无力、伤心欲绝等，都会深深印在心底，幻化成一汪泉水，汩汩流向我们一生中相遇的人，从而彰显人性的温润与慈悲。

然而，生活中也有少数儿女对父母没有这么深的情感。主要原因就在于有时候父母打着爱的旗号伤害了孩子，自己却觉得是在爱他们。

案例

有个小伙子在一个论坛里匿名发帖倾诉了自己的苦恼——

我虽然是父母亲生的孩子，但一直怀疑我是父母抱养来的。

从小到大，在我的记忆里，父亲对我就没有好脸色，脾气粗暴，几乎没一句好话。小时候我稍有过错，非打即骂。有好多次父亲用藤条将我打得满身紫痕，甚至要冒出血来。所以，从很小的时候起，我就暗暗发誓一定好好学习，将来考上大学离开粗暴的父亲和沉默的母亲，离开这个家。

我心想等我大学毕业就留在外地工作，等我有了一定的经济基础和能力，再回家，给父亲看看，我完全可以离开他们，活在自己的世界里，靠自己也能活得很好。

我的努力终于有了结果，我考上了一所“211”高校。

可是，当我兴高采烈地把喜讯告诉父亲时，父亲竟然一脸不屑地说：“考上‘211’有什么了不起？你又没考上北大、清华！”

案例反思

就这个案例而言，我们后来又知道了他父亲幼年的故事——他父亲从刚记事起，就被亲生父母过继给了叔叔婶婶。

叔叔婶婶就是那种不是一家人不进一家门的刻薄乖戾夫

妻，虽然收养了他父亲，却没有激发他们本性中的父爱母爱。他们对这个孩子不是冷嘲就是热讽，打骂呵斥也是家常便饭。养子在寂寞孤独与挨打受骂中长大后，和养父母也时常对着干，言辞激烈，没有好脸色，直到一双老人在气愤交加中相继去世。

父亲娶了母亲之后性格没有任何改变，像对待自己养父母一样冷嘲热讽地对待妻子。母亲稍加反抗，就会招致一顿拳脚。没几年，母亲变得越来越沉默。

现代心理学的研究已经形成共识：一个成年人的关系模式，在很大程度上是他童年关系模式的再现。假如一个人在童年时期与家人亲情疏离，没有得到过来自父母和其他亲人的亲密厚爱，当他成年后建立自己的家庭时，家庭关系也容易疏离。

对每个人而言，童年时期最重要的家人当然是父母。童年时期与父母之间爱和情感的断裂，将影响人的一生。由于他们没有从父母身上体验和学习到情感上的亲密关系，长大后组建自己的家庭时就难以与伴侣建立亲密关系，同时难以和自己的孩子建立亲密关系。

如此循环下去，当一个人从孩提时代就未能体验和学习到爱和情感亲密时，等到他们成年之后，将复制上一代的关系模式。

于是，这样的亲情疏离在无意识情况下就容易代代相传。从这个意义上说，爱的中断，是不幸的起点。

反过来，一个成年人通过新的学习之旅，将爱重新联结，是重建家庭幸福并传承给下一代的开始。

然而，案例中小伙子的父亲正因幼年时期，没有爱和被爱来滋润他的心灵空间，所以就给自己留下了永久的心灵空白。他不知道怎么爱儿子，因为他自己就是这样被养父母养大的。他对待儿子的模式，正是他幼年时期养父母对待他的模式的再现。

就具体行为而言，案例中父亲那种过高的、永无止境的要求，以及对儿子的粗暴恶劣，冷嘲热讽，都很容易让人灰心。

这样家庭中长大的孩子，很可能越来越沉默，或者选择反抗，或者选择逃离。而生命内在力强的孩子，也不会甘于沉沦，会有追求自身价值的本能需求，会通过很多叛逆行为，向着好的方向或者坏的方向用力，刷存在感，展示自己的力量和“优秀”。

策略与建议

中国有句俗话：“家家有本难念的经。”

近代的婚姻家庭治疗理论，就是要解读这本难念的经，其中原生家庭(family of origin)的观念，是十分有效的角度。

建议上述案例中的小伙子尝试通过原生家庭的观念和角度，解读自己和父母尤其是和父亲的关系，同时也想方设法让父母了解有关原生家庭的一些道理。

原生家庭是指自己出生和成长的家庭。原生家庭的气氛、传统、习惯、子女在家庭角色上的学习对象、家人互动的关系等，都会影响子女日后在自己新家庭中的表现。

案例中的小伙子认识了自己原生家庭的影响、成因、改变策略，才能理解父亲为什么那么对待自己——那是因为父亲在幼年时也没有得到过温情，他没有从自己的父母那里学会爱和被爱，又如何爱别人？父亲对待自己的一切，都是他童年生活的折射和变相延续。

如此，小伙子才会原谅父亲，怜爱、理解父母。也因此才不会将原生家庭一些负面的元素带到新家庭中。

同时，还应尝试去修复父母内心的伤痕——比如日复一日地嘘寒问暖，早晚问安；在心底清除过往的苦痛悲伤，帮助他们与往事干杯，重拾儿时天真。并在心中时常提醒自己——原生家庭，影响着每个人的一生，我们最亲密的关系模式中，都与原生家庭息息相关。

在原生家庭，我们沿袭了父母的“言传身教”。回溯原生家庭的创伤，是一种觉醒式的自我疗愈。

不把所有的问题推给原生家庭，而是唤醒我们改变自己的能力，才是我们追寻更高生命品质的初衷。

人生哲学

人生最终的价值，在于觉醒和思考的能力，而不只是生活。

列夫·托尔斯泰有句名言：“幸福的家庭都是相似的，不幸的家庭各有各的不幸。”

在大量的研究背后，一个不为人所知的秘密是，虽然不幸的家庭各有各的不幸，然而在这些不幸的家庭内部，不幸极其相似，而且代代相传。

只有明白了这一点，了解到自己、父母、父母的父母，以及自己的现状、潜在原因、外在表现，才会懂得。只有懂得，才有奋进和改变的勇气。

因此，学习如何幸福，提升幸福能力不仅是自己一个人的事，更是关系着整个家庭甚至家族的大事，意义十分重要。

对于案例中的小伙子来说，要想让他的父母明白他们作为原生家庭的不幸和灰暗太难了。但是，他可以从改变自己开始，让原生家庭的那些灰暗面，从他这里斩断。

那么，他应如何面对父亲给他带来的那些无形的伤害呢？如何才更有力量地站起来呢？

心灵医治的第一个步骤就是“自我省察”。了解自己在成长历程中曾发生的事，并用一种客观的、成年人的眼光去重新检视。除非你能重新探索，否则很难从中逃离出来。

就像案例中的小伙子，纵使感觉父亲的伤害是有意的，自己所做的心灵探索和医治也能减轻伤害，帮助自己接受人的不完美，设身处地地理解父亲那样做的原因，进而宽恕他。

他以自己的努力与重建，为将来自己的孩子建设更好的原生家庭，在家族链条上，开始新的一环。

“人生最终的价值在于觉醒和思考的能力，而不只在于生存。”亚里士多德如是说。

5. “你收入已经不错了，可是你的职位还得提升啊！”

在父母的眼中，孩子常是自我的一部分，子女是他理想自我再来一次的机会。

——费孝通

人类学家经过大量实证考察和心理研究发现：父母爱孩子是本性，也是一种本能，就像自然界中的其他动物一样。江月年年，代代相传，繁衍不息，是一种天赋使命。

“父兮生我，母兮鞠我，抚我畜我，长我育我，顾我复我。”《诗经·蓼莪》对父母之爱的吟诵实在感人至深。

人类的生命繁衍之美，不仅是生命的延续，更是在养育的过程中衍生的丰富体验，让一个人的生命更完整。父母的意义在于：喜悦着孩子的喜悦，悲伤着孩子的悲伤。

对大多数父母而言，无论何时何地，孩子都是那个最牵挂、最在乎的人。不管是穷困潦倒，还是衣锦荣华，父母都是为儿女永远敞开大门的人。

可是，也有些父母会为儿女走向社会而着急焦虑，不自觉地扬鞭策马督促孩子，体谅不足，鞭策太勤；疼惜不够，施压过重，不断给他们加码，提出越来越高的要求，越来越多的期望，让原本疲惫不堪的儿女越发负重前行，焦虑不安，喘不过气来，时间久了甚至心生厌烦。

案例

在上海陆家嘴金融中心某公司上班的小王，从英国读完金融管理的研究生回来，工作一直都很顺利。他工作踏实，勤奋努力，又有教养，说话做事懂分寸，知进退，深受同事喜爱，更得领导赏识。凡是交给他开拓的业务，都能妥善搞定。和他打过交道的客户，也都信得过他。

两年下来，看着他的薪酬不断增加，月薪在公司同龄人之上，父母非常自豪，经常在亲友圈里夸耀儿子有出息，没有辜负他们这些年为儿子的付出。

说起小王的父母也真是不容易，夫妻俩很多年前就被原来的单位买断工龄，领着很少的钱艰苦度日，到了退休年龄才开始每个月拿着微薄的退休工资生活。为了给儿子提供好一点的学习条件，他们一起出去打零工，挣辛苦钱补贴家用，像很多家庭一样，让儿子参加各种各样的课外补习班，强化训练。

俗话说，穷人的孩子早当家，小王很小的时候就知道体贴父母，刻苦学习。高中毕业后考进上海一所很好的学校，四年后又申请到英国一所大学的奖学金，取得硕士学位。

但是，在他很感激父母的同时，也倍感压力——父母似乎对二十六岁的他仍不放心，还像以往一样时常给他加码："你收入已经不错了，可是不能休息，你的职位还得提升啊！"

父母给他提出的新目标是：继续加油，尽快提升自己的岗位，从基础管理层岗位向更高领导层努力。用父亲的话说："你仅仅收入高是不够的，还得有位子！这话，只有对你真好的爹娘才会讲。"

案例反思

每个人与生俱来的焦虑之一，就是身份焦虑。

那是什么？是一种我们对自己在这个世界中地位的担忧。

只要稍微留心，就会发现一个人身份的高低决定了人情冷暖。

一文不名、穷困潦倒的，没几个人靠近你；平步青云、春风得意的，相迎的都是笑脸；江河日下、跌落低谷的，人人唯恐避之不及，甚至墙倒众人推，落井下石。

身份，是一种看不见摸不着却让人寝食难安的神奇。

身份低的，为提升自己，不惜头悬梁锥刺股；身份高的，一面要竭力保持现在所有，唯恐失去，另一面还想更上一层楼，走到更高层面去。

社会心理学家揭示身份焦虑背后的深刻背景：人对显赫身份的苛求，是为了赢得更多的泛在意义上的"爱"，即来自家庭、两性、社会三大层面的关注、倾听、宽宥、照顾，获得一种沐浴在爱河中的温暖感受。

可是，设定我们身份的不是我们自己，而是社会。通常情况下，人们用来衡量有无身份的几大标尺，是金钱、职业、权势等诸多外在的光环，而非灵魂。

自从人类步入所谓的文明社会以来，每个人就如风之不得不吹、水之不得不流一般，跟着社会的大风车一起，被别人设定着身份，也设定着别人的身份，深受设定与被设定之苦。

当人们获得被社会认同的有价值身份时，既可以向外界展现自我的优越性，又可以作为一种自我保护。在需要的时候，它可以让人避免受到惩罚，成为变相护身符。

所以，我们不断被别人提醒，也不断提醒别人：注意身份！

始终在被别人耳提面命，也耳提面命别人：别丢了你的身份！

身份的达摩克利斯之剑似乎时时悬在我们的头上。就这样，我们过度给自己提出期望，也过度对别人提出期望。拿刀子不断切割自己，也不断切割别人。

案例中小王的父母，一直处于社会底层，正是深受身份焦虑的折磨，才对小王不断提出要求，不断设定新目标。

策略与建议

阿兰·德波顿在《身份的焦虑》中文版序言中说，“现今，身份的焦虑比以往任何时候都强烈，因为每个人获取成功的可能性，似乎比以往任何时候都大。我们每时每刻被成功人士的故事所包围。”

人类社会总是在不同社会阶层之间，冲突、调和、妥协地不断变化发展。社会较高阶层，为了确证和彰显他们与较低阶层之间的地位差异，一直在阻挡抗拒较低阶层的上升，以保障他们自身在社会群体中的优越地位和权力。

社会较低层次，出于对少数群体如贵族阶层的权力、地位、富足、尊严等的羡慕和向往，拼命奋斗向上走，力图打破界限，以此减弱自身与较高阶层之间社会地位上的悬殊。

当下的很多人就在物质、精神、情感、信仰等各种层面的围城和突围之间冲杀，为房子、为车子、为票子、为孩子、为老人、为一碗饭，吃苦受累，困扰纠结。有多少人内心深处就像笼中困兽，冲不出去，突围不了，就那么无奈而苍凉地坚守着、挣扎着。

自己老了，没希望了，就把希望寄托在下一代身上。急不可待者，就对孩子挥舞战旗，层层加码，希望能够速达。

可是，突围与所谓的成功，哪有那么容易。

纵然成了“了不起的盖茨比”，在逆袭之后，依然摆脱不了内心深处的自卑。

而这些深刻的东西，要让小王的父母懂得，太难了。

好在有小王这样许许多多可以理解父母、理解大众文化、社会文化的年轻人。稍微沉淀一下，纵然不能让父母明白他们给儿女的强制性加码有多沉重，也足以开解自己，把对父母的埋怨轻轻放下。

人生哲学

命运的手掌里有漏网之鱼，这个机会为更努力的人而准备。

有一部由ITV出品的纪录片，名叫《人生七年》(英文原名*7 up*)，由迈克尔·艾普特执导。2005年英国第四台将该系列纳入最伟大的五十部纪录片名单中。2006年，该系列获得英国电影学院奖和金卫星奖提名。

这部片子的内容来自对英国不同阶层十四个七岁孩子的采访。他们有的来自孤儿院，有的来自上层社会。此后每隔七年，艾普特从这十四位参与拍摄的参与者生活中取材，重新采访当年的这些孩子，倾听他们的梦想，畅谈他们的生活。

到目前为止，该纪录片已经跨越四十九年(每七年一集)并在ITV和BBC播出。也许当初拍摄这部纪录片是为了看2000年时英格兰的缩影，但是，当我们把这部纪录片坚持看下来时，就会发现，他们每一个人都是普通的，和他们所在的阶层一样。每一个人又都是特殊的，各自走着自己的人生路。

从他们身上，我们可以看到别人的一生和自己的人生。

也许时代不同，阶级不同，环境不同，会塑造出不同的人。但是到最后会发现：富人的孩子还是富人，穷人的孩子还是穷人。人生，似乎就是这样。然而，里面有一个叫尼克的贫穷小孩却通过自己的努力，最后成为一名知名的大学教授。

可见，命运的手掌里面有漏网之鱼，这个机会是为更努力的人而准备的。

五、要求回报的爱

心理学上有个名词叫“付出感”。付出感是每个人与生俱来的一种补偿心理，但不代表这就是正确的。

在家中，父亲或者母亲，通常是付出感最强烈的那个人。

小时候，我们是不是常常会听到：

“我辛辛苦苦起早贪黑供你吃穿把你养大，为什么你不能像邻家的小孩一样乖？”

“我为了方便你读书把家都搬到学校旁边去了，为什么你的学习成绩还是上不去？”

长大后，这样的声音变成了另外的内容：

“你要是非要和那个人结婚，我就当没有你这个孩子！”

“你去那么远的地方工作，我们老了怎么办？养你不是白养了！”

“你要是还当我是你妈（爸），你就安安心心做好我给你安排的工作，否则你对得起谁啊！”

为儿女付出，原本是出于天性的伟大，可父母往往一句话毁掉它自带的光辉，把心甘情愿的付出，变成功利性的行为。

只因为这些话背后的意思是同一个："我为你付出了这么多，所以你一定要听我话。"用它来束缚一个孩子，绝对有效。

所以，很多孩子都被这沉甸甸的重负压得喘不过气来，只要有机会就不顾一切地想要逃离。

每当父母唠叨一遍"你这样对得起我的付出吗？"它就会在孩子心里回荡千百遍，伴着惭愧和负疚："对不起。"

孩子知道自己没能力回报父母沉重的付出，就会变得消极，对自己充满失望，变得沉默，不愿与父母沟通。

那些自认为对不起父母的孩子，有的索性自暴自弃，从此一蹶不振，有的甚至走上绝路。近年来，关于孩子因为成绩不好而自杀的报道越来越多。

更多的孩子虽然有幸安全地长大成人，然而，他们中的大多数，终其一生都无法摆脱内心的自卑和歉疚。

父母的付出感是一种要回报的索取，也是一种道德绑架，犹如在火上烤蜡烛一样，折磨孩子毁掉孩子。

1. “作为单亲妈妈，我拉扯你多不容易，就是要你将来争口气！”

孟子生有淑质，夙丧其父，幼被慈母三迁之教。

——刘向《列女传·母仪》

单亲家庭作为一种社会现象，有着漫长的历史。

它的产生，和婚姻、家庭的产生、稳定、衍变几乎是同步的。单亲家庭可能由于意外变故造成，也可能由于主动选择造成。单亲家庭的存在，容易引发单亲家庭孩子成长教育的问题。

真实的现状是，离婚已成为当代儿童面临的严重且复杂的精神危机之一。

单亲家庭无论是因为离异，还是一方死亡形成，孩子所面临的最大打击就是失去安全感。所以，让孩子知道永远不会失去父母对他的爱，至关重要。让他感受到虽然他只和父母一方生活在一起，但他的生活和以前一样安全、稳定，他不必担心什么。

做到这一点，对大多数单亲家庭来说很难。然而，带着孩子生活的家长，千万不能把恩恩怨怨和背负的压力，转移到孩子身上。

与此同时，母子或母女（父子或父女）也要在相依中各自独立。单亲家庭中的两代人之间，往往在情感上过于亲密，这是一种自然的情感联盟。但过分的情感依赖容易产生负面效应。

所以，让自己、让孩子都有独立生活的心理意识和能力，是单亲家庭最明智的选择。

案例

奚美是一个要强的母亲，在儿子小杰六岁时与丈夫离异。奚美认为自己的婚姻失败了，所以发誓要把孩子培养好，争口气。

从此，奚美更加严格要求小杰，定了很多规矩，学习上也抓得很紧。

为了不影响小杰做作业，奚美把家里的电视机都让人搬走了。每天放学，她都亲自去接，怕小杰跟别的孩子一起去打游戏机；每天晚上，奚美都坐在小杰旁边看书，没有任何娱乐活动。

奚美最常对小杰说的一句话就是："我一个人拉扯你，多不容易，就为你将来争口气。"

但是，小杰一点也不觉得幸福，完全失去了自由。

案例反思

单亲家庭，是"不完全家庭"中的一种类型。

"不完全家庭"是指因婚前性行为、离异、丧偶等多种原因，

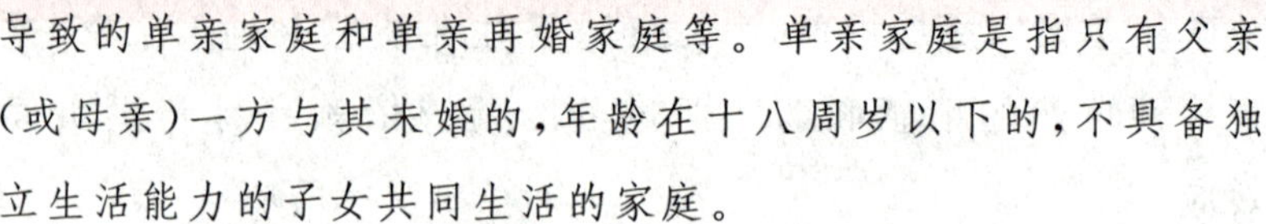

导致的单亲家庭和单亲再婚家庭等。单亲家庭是指只有父亲(或母亲)一方与其未婚的,年龄在十八周岁以下的,不具备独立生活能力的子女共同生活的家庭。

其中包括丧偶式单亲家庭,离婚式单亲家庭,未婚式单亲家庭,或分居式单亲家庭。

单亲妈妈在独自带孩子的过程中,会出现诸如案例中奚美的问题。

(1) 单亲家庭大都由于离异造成,对于父母而言是一种生活变故,也是一种心理创伤。由于传统观念中,女性在婚姻中所附属的价值更大,因此婚姻的失败等同于女人的失败。

单亲妈妈会因此造成自我评价偏低,存在情绪困扰。由于情绪的传染性,很容易将不良情绪传递给子女。

(2) 单亲妈妈失去了家庭支持,社会支持系统受损,于是将子女作为最大的支持系统,希望子女给予无条件的满足与支持。尤其希望子女无条件地赞同自己的情感道德,造成子女与另一方的亲情矛盾。

(3) 单亲妈妈容易将子女作为自我证明的工具,看似对孩子的关爱,其实隐藏着更强烈的愿望,就是通过孩子的成才来证明自己并不失败。因此,这样的爱是带有条件,并且是赋予沉重的情感包袱的。

这样的爱,往往不是孩子想要的,也会成为孩子的情感负担。

策略与建议

与双亲家庭相比，单亲家庭也许有它的欠缺，但也绝不像有些人认为的那样，单亲家庭是悲惨的、压抑的。单亲家庭的家庭成员相对简单，教养方式更统一，不容易引起冲突，更平静。

虽然家庭不完整，但是同样能够给予子女完整的爱。

(1) 单亲父母要对自己有个客观的认知，婚姻只是个体的一部分，个体的价值不因婚姻的成败而简单论断。婚姻失败是父母之间的纠葛与战争，孩子不应被卷入这样的战争中。

(2) 单亲不应该成为要求孩子的理由。应将孩子视为与普通儿童无异的儿童，同样会有大大小小的困扰，不应以家庭变故来要求孩子格外懂事，或以此要求孩子通过成功来证明单亲并不失败。

应更加关注孩子的情绪和情感需求，告诉孩子虽然家庭不完整，但是爱依然是完整的，无论何时爸爸妈妈都会爱他，重塑内在安全感。

(3) 单亲妈妈需要重塑自己的社会支持系统，通过建立安全的社会支持系统来寻求帮助，找回自我的力量，树立自我发展目标，通过积极的行为影响孩子。

人生哲学

成熟的人与人之间的界限意识是：我的事，我说了算；你的事，你说了算；我们共同的事，我们公平协商。

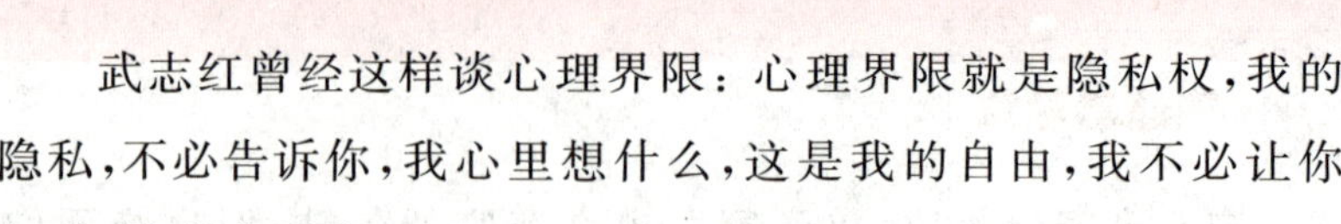

武志红曾经这样谈心理界限：心理界限就是隐私权，我的隐私，不必告诉你，我心里想什么，这是我的自由，我不必让你知道，除非我愿意。

他认为心理界限，是想象力和创造力的保证，如果一个人不能守住心理界限，他就会损失自己的心理地盘，他的想象力和创造力也就无从谈起。

与界限意识相对应的是共生关系。共生关系简单表述就是：我的事，也是你的事；你的事，也是我的事；一切都是我们的事。

中国父母之于孩子，通常都是这种关系：我的愿望你来实现，我的梦想就靠你了；你的吃喝拉撒、衣食住行、愿望诉求，都由我做主；所有的一切都是我们家的事，都为光宗耀祖、功名富贵而努力。

共生的本质，就是剥削。

心理学家玛格丽特·马勒将六个月前的婴儿期称为正常共生期。只有这个阶段的共生，才是正常共生，以后的共生，都是病态共生。

就像很多爸爸妈妈会说：你是我们的孩子，我们是一家人，什么事情都得跟我们说，日记也得给我们看，什么心思都得告诉我们……

共生关系中有两组心理矛盾：付出与剥削，控制与服从，即谁剥削，谁被剥削；谁说了算，而谁只能听话。

“自我边界”问题，最容易出现在夫妻之间或亲子之间。越是亲密的人，越容易出现这样的问题。

没有边界最常见的表现就是，分不清什么是你的事，什么是我的事，什么是我们的事。孩子的婚姻，父母要插手；父母的婚姻纠葛，要求孩子评判是非。

缺乏“自我边界”的单亲妈妈，其实是缺乏自己对自己人生负责任的勇气，将自己的愿望强加于孩子身上，要求孩子与自己的思想和感情同步，与自己“共生”。

没有边界的爱，并不是真正的爱。最好的父母之爱是无论父母做出了什么牺牲或者选择，目的都是让孩子可以毫无负担地成为他自己，而不是要求孩子成为共生的自己。

2. “我们操心费力的给你吃穿，竭尽全力就是为你成才！”

我们需要被看见，而那得是带着理解、爱和接纳的眼睛，并且看见的也是我们自身，而不是对方的想象。

——武志红

成长是一种生理现象，比如从婴儿期到幼儿期，从学前期到学龄期，从青春期到中年期，直到老年期，这是生命的时间轴。

成长更是一种心理现象，从混沌一片到牙牙学语，从懵懂无知到情窦初开，从亲密无间到中年危机，这是思想的洗礼。

成长是个体内在生命力的自觉萌发，是个体的主动超越。成长需要阳光和雨露，需要关爱和指导，更需要空间和自由。

对一般家庭而言，当下养育孩子的成本越来越高。有人说，以前一家养几个孩子，是“饲养”；现在养孩子，是“培养”。

为什么父母们觉得养孩子越来越难了？

因为人们对孩子期望的越来越多了。

很多人不想让孩子再走自己的老路，再像自己这样平淡甚至穷困一生，想让他们向上走，最好能走入上流社会。

所以，比起以往，有更多的父母害怕教育失败，让孩子落入歧途。

人们认定培养孩子的最优策略，就是从精不从多，培养一个孩子，不是简简单单把他喂大。在孩子每一步的成长里，都倾注着父母的心血。

与此同时，家庭教育的暗影也随之而生：当成才被父母当作孩子成长的唯一目的时，成长也开始变味了。

望子成龙，盼女成凤，是所有家长的心愿，但是当家长为龙为凤，不断做出牺牲时，爱的枷锁也逐渐套牢。

案例

洋洋是一个漂亮的小女孩，正如她的名字，像个洋娃娃一样。

洋洋出生在一个非常普通的工薪家庭。她的出生，承载着全家的希望。为了富养女儿，父母从小给她买各种好看的衣服、昂贵的玩具。上学后，父母又给她报了各种兴趣班和补习班，舞蹈、钢琴、绘画、思维逻辑、口才写作等，忙得不可开交。

为了给洋洋最好的教育，父母省吃俭用，虽然把女儿打扮得像公主，但是自己却舍不得花钱，也几乎把所有的时间都给了洋洋。

洋洋却不喜欢这样的生活，当她耍赖不愿意去上课时，父母就会说："我们省吃俭用，全都为了你，还不是希望你能成才。"

但是，这样的关心和付出，让洋洋觉得一点都不快乐。

案例反思

在父母眼中，每个孩子都是天才。父母尽心尽力，牺牲自己的时间和事业，只盼子女成才。父母认为，牺牲了自己，才能成全孩子，才是给孩子最好的爱。

然而，这样的爱，已经被成才的期盼紧紧束缚。

(1) 孩子的成长是一个自然的过程，良好的环境的确有利于孩子的成长。但是，成长也是不可替代的，需要自由与空间。以爱的名义为孩子处处包办，反而失去了成长的空间，让爱无处安放。

(2) 操心费力为孩子安排成长的道路，没有与孩子商量，仅仅从父母认为"应该"的角度出发，也是对孩子的不尊重和不信任。

真正的爱，是一种信任，是共同商讨，是与你同行。

(3) 父母以自我牺牲来要求孩子的成长，看似是一种伟大和无私，其实让爱背上了成才的包袱。换句话说，如果不成才，

就不会竭尽全力。

这样的爱，是有条件的，是有要求的。牺牲的背后是索取，因为我牺牲了，所以你需要按照我的想法去行动，来补偿我的牺牲。用父母的牺牲作为爱的砝码，用爱的砝码交换子女按照自己设想的路径成才。

其实，这是父母的一种自我满足，而不是基于孩子本身，帮助他成为更好的自己。

策略与建议

对父母而言，过度忽视或过度养育，是爱的两种极端。

过度忽视，会造成孩子无法无天或不知所措；过度养育，则会造成孩子缩手缩脚或胆小依赖。给孩子刚刚好的爱，做他们的脚手架，让他们在自己的空间里探索、感受，在爱的力量下成长、成才。如何行动呢？

(1) 爱孩子之前先学会爱自己。飞机上的救生提示写着，如果遇到危险情况，请先戴上自己的氧气罩，再去帮助身边的人戴上。爱别人是一厢情愿的行为，但是被爱是一种感受。

如果父母连爱自己都不会，怎样站在孩子的角度理解他们所感知的爱呢？真诚地爱自己，才能真诚地爱孩子。

(2) 父母对成才要有更加坚定的认识，成才是在孩子自身能力和努力的基础上，结合他的理想和愿望，所能成为的最好的自己。

成才不是一个节点，始终是一个过程。成才不是考试第一，不是高考成功，不是工作顺利，而是不断超越自我，不断获取并展示生命的能量。

(3) 父母不要以自我牺牲来逼迫孩子满足父母的愿望。

养育，是义务；但是牺牲，却是一种负担。

告诉孩子，爱唯一的原因，是你是我们的孩子，爱唯一的目标，是彼此成就最好的自己。

人生哲学

你知道吗？父母的付出感越强，孩子越不快乐。

父母对孩子的爱，本来都是出于天性。当他们嘴上对孩子说着“你这样对不起我”的时候，心里其实是不图回报的。他们只是把付出感作为工具，用来换取孩子的顺从。因为这办法往往立竿见影，孩子立即顺从了。

可是他们所不知道的是，这办法后患无穷。父母的付出感越强，孩子越不快乐，伤害越大。

美国著名心理学家艾瑞克·弗洛姆(Erich Fromm)在《自私与自爱》中提出“自我牺牲”的概念，认为无论是一个管得太宽的母亲还是忧心忡忡的丈夫，虽然在意识层面上他们认为自己非常喜爱孩子或配偶，而事实上，他们所作出的为爱而牺牲的行为，是为了实现和肯定自我而付出的代价，本质上是自私的。

牺牲的背后，是压抑；压抑的结果，是爆发。

自我牺牲的爱，是压力，更是束缚，让接受者活不出自我，

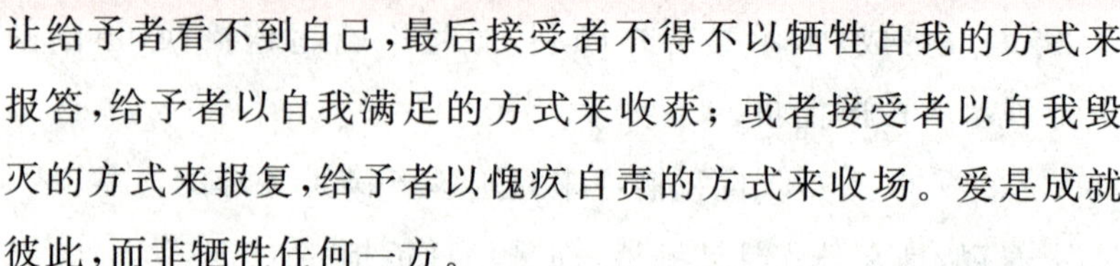

让给予者看不到自己，最后接受者不得不以牺牲自我的方式来报答，给予者以自我满足的方式来收获；或者接受者以自我毁灭的方式来报复，给予者以愧疚自责的方式来收场。爱是成就彼此，而非牺牲任何一方。

因此，好的父母总是让孩子在生活中得到锤炼，而不是用自己的付出绑架孩子。

收回那些不该在孩子身上付出的时间和精力吧，去经营自己的生活。父母过好自己的人生，才是对孩子最漂亮的引领。

3. “你走的每一步，都是我的未来！”

我确实相信：在我们的教育中，往往只是为着实用和实际的目的，过分强调单纯智育的态度，已经直接导致对伦理教育的损害。

——爱因斯坦

教育的目的是立人，帮助他人成长，在社会立足。

需要追求实际用途和实际目的，强调知识学习和智力发展，但“人”的定义下，不仅有动物性，更有社会性，只追求能力提升，其他的道德法律等伦理教育不管不顾，又如何实现教育目的呢？

很多父母不知道，特别是在孩子的成长早期，教育很大程度上是心智养成。追求实用，把太多家庭的期待压在婴幼儿身上，导致德育受损，孩子对教育产生逆反厌倦心理，长辈的期待

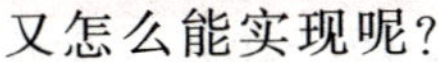

又怎么能实现呢？

教育，也要尊重人类的自身特点，顺应人的成长阶段，量力而行，量力而为。

案例

2017年暑假前，一篇名为《牛蛙之殇》的长文火了。据说是上海一位退休教授写的，在痛批残酷的幼升小现状的同时，凸显了中产阶级孩子的教育焦虑。

那是大约三年前，他的外孙还是三岁的年龄，懵懂无知，就被他们全家推向了“求知若渴”，备考上海四大民办小学的招生考试的路上。

只因在上海有个不成文的说法：小孩考上上海四大民办小学，是牛蛙，若没考上，是青蛙。为了备战“幼升小”，孩子往往从三岁开始，就被家长打了鸡血似的，以便赢得这场“牛蛙战争”。

三岁的孩子开始在各种培训机构学习跨年龄层的知识，接受成人都难以理解的KPI考核；包括爸爸妈妈爷爷奶奶在内，家长们开始严格控制体重来满足学校对家庭自律能力的考核；爷爷奶奶全面参与孩子教育、孩子成长……

各种稀奇古怪的“幼升小”面试题堆在孩子面前。比如：说说“唐宋八大家”都有谁？崇明岛在上海的哪个位置？

各种强压之下，孩子学会了装病，学会了拒绝妈妈，学会了早熟地问家人：“我是不是让你们失望了？”

同时，孩子患上了抽动症，全名叫“小儿抽动秽语综合征”。这种病虽不严重，却很难治愈，是一种慢性神经精神障碍疾病，症状是会不由自主地挑眉毛、眨眼、乱蹬腿……

这个外公急了，全家人都急了，开了全家会议最后商定，让孩子妈妈辞职，陪孩子去国外读书。

案例反思

在这样一个典型的“新中产”家庭教育失败案例中，我们看到这位教授的痛苦分享和自我剖析：像这样的家庭，第三代能否成才，决定着我们这一辈或者女婿女儿这一辈奋斗来的社会地位与资源阶层，能否得到很好的传承。

基于利己的考虑，他冷眼旁观自己的外孙接受严苛的“智力教育”，在帮助孩子成才成功的旗号下。以爱的名义，压迫孩子，也必然导致反抗。

孩子撒谎、装病、幼年早熟，最后直至患上抽动症，成为曾经接受的不要乱动，要乖乖地坐好写字、看书的命令式教育的终极反抗！

教育不仅仅是为了现实目标，还为了助人成长，所以关心受教育者的心理和道德建设也是理所应当的。纵然是四五岁的小孩子，也会有自己的想法，为什么不试着低头聆听呢？而非一定要把自己自私的目的和规划强加于他。

但在这个德育完全受损的过程中，关心孩子的家长却没有任何反应。他们只在乎结果，成为牛蛙就是一切，而不在乎孩

子是否喜欢，是否顺利成人。

这位作者在文章结尾写给外孙的话中说："我确实不知道你的未来会有什么，但我知道，你走的每一步，都是我的未来。你是我们的骄傲，也希望你能以你爸爸、你妈妈、你爷爷、你奶奶和我为荣。"

这些看似堂堂正正，满满能量，却不知是在把自己的梦想当成孩子的梦想，把自己当作荣光的东西强加给孩子，让他也以此为荣。

这不是爱，也不是教育，而是一种叠加、强加，取代孩子作为独立自己的梦想和未来。

策略与建议

教育不仅是为了实用，更是为了成长。只有动物为了生存和繁殖，才会要求做的每件事都有用。有很多事情对孩子的影响比记下一个知识点重要，也有很多地方的成长还需要你真正帮忙：

孩子性格内向，甚至有些自卑，那就带孩子多多去交际，鼓励他、赞美他，赋予他自信；

孩子爱好很少，没什么特长，那就带着他去逛逛乐器行以及舞蹈学校，引导并培养他的爱好；

孩子遇到重大的抉择，左右为难，那就把利与弊分析给孩子听，旁敲侧击、潜移默化地去影响他。

你可以用思维导图去分析孩子成长中遇到的问题，用象限权重管理逐渐实现自己的教育目标，而不是简简单单的一句“为你好”的万能密钥。

人生哲学

最好的父母，首先要让孩子成为人，而不是机器。

有一本在全球影响深远的书，叫《什么是教育》，是德国著名哲学家卡尔·雅斯贝尔斯(Karl Theodor Jaspers)所著，其中有一个经典的观点：“教育的本质意味着，一棵树摇动另一棵树，一朵云推动另一朵云，一个灵魂唤醒另一个灵魂。”

优质的教育，不是教给学生多少外在的知识，而是激发他们内在的潜能，培养他们认知世界、感受世界的兴趣和能力。

问题是，我们的家长，我们的老师自己都处在混沌中，都需要唤醒。

有一个著名的 TED 演讲，演讲者是美国教育家丽塔·皮尔逊。这个成长在教育世家的教育家，在演讲中这样告诉我们：

父母需要明白的是，真正的教育，需要将小孩当成独立的人来引导，而不是直接想当然地给予。教导他们自信而不自满，独立而不孤立。激发他们的想象能力、质疑能力、自理能力、谦逊能力……

当孩子遇到问题自己解决的时候，就拥有了智慧。当孩子遇到暗淡无光的事情，靠自己走出来的时候，就拥有了希望。当孩子遇到挫折，靠自己走过去的时候，就拥有了成功。

因为，在看似悲观的世界里，培养和激发孩子积极的人生观显得尤为重要。只有拥有了独立思考和探求真理的能力，智慧的阳光才会洒满心田。只有拥有了克服困难和承担责任的能力，艰难险阻才会显得微不足道。

不论你是家长，抑或即将成为家长，要知道真正的教育，需要回归到人格的本质上。

只有人格才能影响人格，只有人格才能形成人格。

身为父母需要认知这样一个深刻哲理：所有好的教育，都带着智慧的光芒以及发自内心的关爱。因为，每一个心灵都是自然宇宙与人类智慧的结晶，每个孩子都有丰富的心灵与巨大的潜能，教育的目的就是将其唤醒。

也因此，马云说："要让孩子成为人，而不是机器。"

4. "你去远方工作我们咋办啊？养儿不就是为了防老吗！"

每个人的家，对他自己都像是城堡和要塞。

——科克

孔子说："父母在不远游。"千百年来，这句话成为父母阻止孩子去远方闯荡的金科玉律。从封建社会到今天，根深蒂固地存在于很多父母的观念里。

读万卷书，行万里路。虽然是传统文化里对每个立志建功立业者的必然要求，但落在现实里，在阻止儿女出外读书的时

候，阻止儿女出外工作的时候，成家立业的时候，父母还是要求回到自己身边，和自己在一起，靠近自己一些。

有的父母为了留儿女在身边，还会打出“孝道”的旗号。或者与之相反，他们说要儿女在身边，都是为儿女好。

案例

笔者认识一个在上海读大学，家在西北某县城的姑娘。有次说起儿女与父母的代际隔阂，她谈到了自己的父母：

“从小就总听妈妈说：‘你可千万不要去太远的地方读书，将来工作更不能离家太远，嫁人也不能，不然以后妈妈想你了，都不能去看你。’”

“后来我高中毕业考上了上海的大学，妈妈每次在电话里都会说：‘不管上海有多好，你大学毕业都得回来。事业不事业我不懂，我就是要叫你在我身边一辈子才放心。’”

“你去远方工作我们咋办啊？养儿不就是为了防老吗！”

她说妈妈经常问她，女孩子一个人在大城市是不是挺难的？亲戚朋友都觉得女孩子还是在父母身边安定的好，外面看着热闹其实很苦、很累，还有很多坏人，不安全。

妈妈期望她大学毕业后回县城，进机关安安稳稳做个小职员，到处都是熟人，可以互相照应，遇到麻烦总能有解决的办法，这样端着铁饭碗，总比在外面打拼，面对一个不可知的未来好。

“妈妈几乎每次在电话里都重复这些，我都听怕了。网上有一句父母的叹息——天下没有能赢得了子女的父母。可是，像我这样的子女，又怎能赢得了父母呢？”

女孩说这些话时，看起来有些忧郁。

案例反思

鸟长大要高飞，人长大要远走，这是大自然和人类社会的自然规律，也是一种动物本能。哪个人年少时没有飞向远方看世界的梦？哪个人没有在外建立自己的事业，功成名就以后回报父母的期望？为人父母者都有过。

但为什么一旦儿女成人要去远方的时候，他们却舍不得放手儿女，海阔凭鱼跃，天高任鸟飞？

从现实层面看，其原因有两个：

(1) 凭着人生阅历感知，很多父母认为社会复杂，人心险恶，外面陷阱很多，不相信子女有独立面对社会、应变自如的能力，怕他们为了挣钱，为了搞定自己的衣食住行受苦受累，更怕他们应付不了尔虞我诈、坑蒙拐骗，受欺负、受委屈，也怕他们禁不住种种诱惑，一时糊涂走上歧途。

种种担心，让他们在思前想后之后，还是选择保守之法，要儿女不要出去的好，就像他们一样待在原地，在自己的视线范围内。不管自己能量大小，总还能教教你，护着你，罩着你。

(2) 其中一些父母一辈子都处于弱势，在土地上劳作，在工作岗位上拼搏，苦苦挣扎，省吃俭用把儿女供出来了，有出息

了，很担心子女远走后自己老无所依。

自古以来都说养儿防老，儿都飞走了，谁来给自己养老呢？平时还好，一旦有个头疼脑热，磕磕碰碰，谁给端茶递水伺候左右？当年老体衰、孤独寂寞时，谁在跟前陪伴安慰？又上哪里去享受传统的天伦之乐？

表面上看起来的人的行为，背后都有更深刻的因素，那就是人对不确定未来的恐惧和害怕。

从心理学层面看，父母不愿让儿女去远方学习、工作、安家，潜在的原因是人类对未知的事情和状况都有恐惧，以及源自潜意识的逃避。这种情形在生活里常有发生，比如一个人出远门，或是第一次开车，第一次去做自己没有把握的事情，都会让人有恐惧感。

因为人对事物有未知性——虽然在正常的发展状态下，我们在脑海中会根据所知道的知识、可能性、必然性等，对将遇到的一切建立相应的想象情境，比如父母告诉我们老虎会咬人，鲨鱼会吃人，路上有风险，暗夜有障碍，我们会远离危险，尽量避免风险发生。但还是会心存芥蒂和害怕，更何况有些事情还可能在意料之外，不知道该如何应对。

与其这样，还不如采取保守策略、退缩策略，待在原地不动。

马未都有个演讲，其中有对“父母在，不远游”这种文化的深层分析。他说：“父母在不远游，是一种文化理念。这种文化，就有一点害我们，在中国近代史上，这种文化是使中国人很难走出去。我们注意看，凡是华侨盛行的地方，凡是愿意走出去到国外打拼的，都是沿海地区，我们的福建沿海地区、广东沿海地区、浙江沿海地区，人都愿意往外走。”

“但一到内陆，那就是摆不出样儿，跟人家没法比。我们除了明初，郑和下西洋我们都知道。我们都缺乏一种海洋意识，是源于我们是一种传统的农耕社会。什么叫农耕文化？我们离海远，我们对海洋没有概念。我们是靠种地活着，靠种地发财。过去有一种话，叫丑妻近地破棉袄。这都是文化，还有父母在，不远游。”

策略与建议

(1) 为人父母者，需要明晰每个人都需要克服潜在的，对未来不确定性的恐惧与害怕：在每个人的成长阶段里，虽然父母给予了我们很多照顾和保护，但父母不会一直陪在身边。

而且随着年纪的增长，儿女所遇到的问题父母也不见得都有能力解决。每个人都必须独立面对前方的未知，任何人的生活中都充满着不确定性，必须接受它的存在。

(2) 父母们需要知晓，所有子女是父母生命的延续，这种延续很大程度上就是向更远更深处生长，走更远的路，见更大的世面，结交更多的人。宝剑锋从磨砺出，梅花香自苦寒来。儿女也许不够强壮，那就更应该去接受风雨磨砺、岁月洗礼。

(3) 人生代代相接，每一代和下一代都有几十年的错位，父母不可能陪伴儿女一生。纵然是自己的翅膀很大，又能护他们到几时？想象一下草原上的那些脆弱羔羊，大海边羸弱的海鸥，失去保护后该是怎样凄惶。

（4）其实每个人都有志在四方，驰骋天地的愿望，都曾有过去读万卷书、行万里路、做万件事的梦想。只是一些人早早结婚生子，为了柴米油盐衣食住行，疲于奔命，甚至鸡飞狗跳，逐渐麻木，逐渐习惯原地不动，然后妥协了，丢下梦想了，不敢去远方了。

在儿女长大后，看着儿女要去远方，父母不由自主地担心、害怕，然后百般阻止。

明白了这些，父母还会一味阻止远走高飞的儿女吗？

人生哲学

父母在，不远游，游必有方。

孔子非常看重孝道。作为子女，如果不能对父母尽孝顺的义务，或者做不孝之事，在孔子眼中就是天理不容。

在《论语》里有这样的记录：鲁国孟懿子恭问孔子如何尽孝，孔子给了他两个字：无违。

无违，就是不要违背礼节，做儿女的，面对父母要以礼相待，不可冒犯，活着的时候要亲善对待，死后更要妥善安葬，每年都要去纪念。

而后，子路和子夏觉得孔子如此看重孝道，也去向孔子请教孝道，孔子又回答了两个字：色难。

色难，色难就是脸上难看——在很多子女心里，以为孝道就是供养父母的生活，比如给他们钱，衣食所需。但是孔子认为这并不是孝道，只提供给父母肉体生活所需，这跟给动物喂草没什么分别。

他认为儿女在供养父母肉体需要的同时，更要以好脸色，亲近和顺，多关心他们的内心需求，多陪伴，多关爱。

由此可见，孔子对待孝道态度的精髓是四个字：无违、色难。也因此，他才说了“父母在，不远游”这样的话。

但在孔子心里，孝道不是愚孝，或不讲理的孝道，年轻人要去远方游历、求职、做事，做父母的必须支持，所以《论语·里仁》中的这句话，其实还有下半句，那就是“父母在，不远游，游必有方”。

“游必有方”才是点睛之笔。可惜的是，长期以来经常被忽略，被人们断章取义。

所谓的“游必有方”，就是说你可以出去，但是要有方向、有目标，而不是盲目乱行。

为什么？因为没有目的和方向的行动，不仅很容易做错事，更会让父母牵挂和担心，忧心忡忡。因为自己的莽撞出行，远在他乡，让父母担心牵挂，在孔子看来也是儿女不孝的一种。

相反，只要儿女志存高远，有方向有目标，父母大力支持是必需的，也是天经地义的。

因此，孔子“父母在，不远游，游必有方”，既是他的“远游”观，也是后世文人学者的人生观、伦理观。

5. “我们培养你让你有才华，就是为了光宗耀祖！”

才能是在寂静中造就，而品格则是在世间汹涌波涛中形成。

——歌德

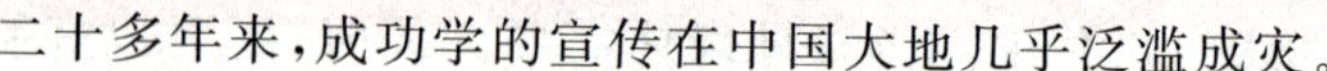

二十多年来，成功学的宣传在中国大地几乎泛滥成灾。

在那些所谓励志大师的鼓噪下，无数的中国家长走在竭尽全力培养孩子成功的路上。除了要让孩子成绩好、有才能之外，还要求孩子有优秀的社交能力。因为在很多父母看来，孩子优秀的社交能力有以下好处。

（1）更容易融入周围生活环境、有较强的接受能力。

（2）更容易为自己打造良好的工作环境、表现出更强的工作效率。

（3）容易结交朋友，为自己打造更为广泛的人际关系网。

（4）容易和同事、领导搞好关系，获得更多升迁的机会。

（5）容易培养乐观向上的心态和积极进取的精神。

总之，孩子将来进入社会做事，很大一部分就是在处理人与人之间的关系。人际关系处理好了，一件事就成功了一大半。一辈子的人际关系处理好了，事业成功就易如反掌了。

所以，当一部分父母在孩子实现成绩好、有才华之后，又给孩子订立了另外的目标：尽量扩大人际圈子，成为优秀的社交人才。交往范围越广，朋友圈就越大，以后的创业圈子也就越广。

案例

出身于上海工薪阶层的小陈，自幼酷爱绘画，父母在文化课学习之外不惜花费重金为他聘请艺术老师辅导他绘画类课程。

勤奋、努力加上天赋，让小陈轻松考上一所重点大学的艺术设计专业。四年后，在导师推荐下，他奔赴法国深造。两年后取得环境设计专业方向硕士学位，回国进入一家大型设计公司工作，年薪超过三十万元。

但是父母觉得仅仅这样还不够，儿子还应该有更大的成就。在父母和亲戚们看来，这还不是成功的标志，真正成功的人都是要自己做老板的。而儿子倾心于艺术，性格沉静，大部分时间都醉心读书、写生、游历、观摩、创作，不喜社交。

每每听到别人称赞他们的儿子时，每每得知儿子的作品又获得了某项大奖时，每每看到儿子的作品又出现在广告媒体中时，父母就会觉得儿子才华与成功的程度不相符合，带着责备和几分痛心对着儿子唠叨：

“我们培养你让你有才华，就是为了光宗耀祖！目前你才华横溢有何用，人际圈子那么小！”

案例反思

在那些所谓的成功学课程里，大师们每天苦口婆心地告诉人们：他是为你好，在帮助你、解救你。而他们所说的那套，无非是“努力、坚持、相信自己就会成功”。

接受了这些鼓噪的人，都像打了鸡血一样拼命工作；接受了这些鼓噪的家长，则像打了鸡血一样拼命督促孩子，给孩子加码，不管孩子是否已经成人。

冷静看那些“成功学”，不过是一副精神毒药。

什么是成功？该怎样定义成功？是不是“任何人，只要努力，就会成功”？世俗定义的成功，不过是有钱有权有势力。即便如此，也不是任何人经过努力就能达到的。“任何人，只要努力，就会成功”就是一句灼热的谎言。

中央电视台原主持人王志曾说过，成功是相对的，每个人都有自己的成功标准。

有的人把有钱、有房、有车、有女人当作成功；有的人则把做了一件想做的事并且做好它当作成功；有的人则否认成功的存在，认为这世界上没有成功，只有无止境的追求。

对每一个个体而言，成功实际上是一种感觉。做自己非常想做的事，并且把这件事做成了，自己从中获得了强烈的满足感，这就是成功。

成功包含两方面的含义：一是社会承认了个人的价值，并赋予个人相应的酬谢，包括金钱的、物质的、荣誉的；二是自己承认自己的价值，充满自信，拥有充实感和幸福感。

多年来，世俗层面把成功更多定义在社会层面，而社会层面又把成功更多定义在金钱物质地位层面，把社会的承认、他人的尊敬、外界的鲜花和掌声，当作个人成功的标志，而且越多越大越好。把更重要的一面——一个人对自己的认可、确认以及由此获得的愉快、喜悦忽略了。

很多人都是这种观念和认知的受害者。

当上面案例中的父母带着责备和几分痛心，对着儿子唠叨时，他们哪里懂得儿子倾心于艺术的生活状态，就是他生命最舒服的状态，是他的选择，是他的安宁，也是他的家园。

这样的父母也不会知道，他们希望儿子改变个性，改变倾心于艺术的本真，去扩大交际圈子，实际上是在过度要求儿子。他们自以为是在爱儿子，为儿子的所谓成功助推，实际上却是害儿子，让儿子失去自我。

策略与建议

从古至今，虽然有很多进入社会成就自我的途径，但以读书博功名，以学问博名利的观念并未改变多少。与此同时，以权力、金钱、人情建立的关系网依然存在。这就逼迫很多人不得不花大量精力去经营人际交往，去建构关系网，否则很难有所谓的成功。

上述案例中小陈的父母，就是这种文化背景下的国民代表。在他们眼里，儿子的才华没有实现世俗利益的最大化，反而怀才不遇。儿子热爱艺术，取得法国艺术设计硕士学位，进入大公司工作并充分施展才华，这还不够，还应更有名、更有钱、更有地位。

他们不知道儿子目前做着自己喜欢的事，事有所成，已经很幸福，精神很富有。他们的追求仍然在世俗层面，尚未进入精神层面。这不是代际之别，而是精神境界之别。

再深一层，这也不是父母与儿女的差异，而是人与人所达境界的差异。小陈父母唯有改变自己的认知，更新有关成功和幸福的观念，才能跟上儿子的生命脚步。

哈佛大学“幸福课”主讲教授泰勒·本·沙哈尔曾经有过这么一段经历：

多年前，他遇到过一个年轻人。那是一名律师，在纽约一家知名公司上班，即将成为合伙人。坐在他的高级公寓里，中央公园的美景一览无余。

年轻人非常努力地工作，一周至少工作六十个小时。早上，年轻人挣扎着起床，把自己拖到办公室。与客户和同事的会议、法律报告与合约事项，占据了他的每一天。

当泰勒教授问他，在一个理想世界里还想做什么时，这名律师说，最想去一家画廊工作。

“难道说，现实世界里找不到画廊的工作吗？”年轻人说不是的。但如果在画廊工作，收入会少许多，生活水平也会下降。他虽然对律师楼很反感，但觉得没有其他选择。因为被一个不喜欢的工作捆绑，他每天并不开心。

在美国，有50%的人对自己的工作不甚满意。但泰勒教授认为，这些人之所以不开心，并不是因为他们别无选择，而是因为他们的决定让他们不开心。因为他们把物质与财富，放在了快乐和意义之上。

所以，泰勒教授这样教他的学生，教他们如何寻找能发挥自己优势和热情的工作：①什么带给我意义？②什么带给我快乐？③我的优势是什么？并且要注意顺序。

找出这其中的交集点，那个工作，就是最能使你感到幸福的工作了。

人生哲学

幸福感是衡量人生的唯一标准，是所有目标的最终目标。

我们越来越富有，可为什么还是不开心？

我们来到这个世上，到底追求什么才是最重要的？

泰勒教授坚定地认为：幸福感是衡量人生的唯一标准，是所有目标的最终目标。

一项有关“幸福”的研究表明，人的幸福感主要取决于三个因素：遗传基因、与幸福有关的环境因素以及能够帮助我们获得幸福的行动。而积极心理学，可以帮助人们活得更快乐、更充实。

幸福，是可以通过学习和练习获得的。

日常生活中有很多课程在教人如何更好地思考、更好地阅读、更好地写作，取得更好的成绩，但是很少教人更好地生活。

一个幸福的人，必须有一个明确的、可以带来快乐和意义的目标，然后努力地去追求。真正快乐的人，会在自己觉得有意义的生活方式里，享受它的点点滴滴。

而现实中的很多人，却把物质与财富，放在了快乐和意义之上。所以，当他们的物质和财富不断积累时，幸福却没有“爆棚”。

当一间房屋有了爱，变成了家；当生存有了意义，变成了生活。

泰勒教授记得哲学老师在他毕业时给予他的忠告：

“生命很短暂，在选择道路前，先确定自己能做的事。其中，做那些你想做的。然后再细化，找出你真正想做的。最后，对于那些真正想做的事，付诸行动。”

六、跨越界限的爱

如前所述，人与人之间的界限意识就是：我的事，我说了算；你的事，你说了算；我们共同的事，我们公平协商。

界限意识也是地盘意识，必须确立了一块属于你的地盘，你的空间，才有可能走向最终的目标——拥有一个你说了算的人生。同时，也要尊重别人的地盘。这两者结合在一起，是健康人际关系的基础。

界限意识分为三种：心理界限、地理界限和身体界限。

即便是父母和孩子之间，只要孩子有了独立意识，也有界限意识存在。但是三者之中，最清晰的大多是心理界限。

因为，孩子通常无法在空间上设置地理界限。比如一个独立的房间，别人不能进去，这就意味着他守不住自己的界限了。然后他会在身体上设置界限，宁愿孤独，也不愿和人有肢体接触，尽量不叫人触碰他。

当身体界限也守不住时（比如被拉扯、被打、被强行牵手等），他只好在心理上设置界限。于是就导致了这样的情形：孩子表面上非常老实，很乖，很听话，但内心深处的秘密，对谁都不会说。让很多孩子非常痛苦的情形是：父母常常跨越界限，以爱为借口侵入孩子个人的心理空间、精神空间，达到控制的目的。

1．“你们不合适，听我的分开吧，妈妈是为你好！”

一对彼此相配的夫妇是经得起一切可能发生的灾难的袭击的，当他们一块儿过着穷困的日子时，他们比一对占有全世界的财产的离心离德的夫妻还幸福得多。

——卢梭

“父母之命，媒妁之言”，是古老中国男婚女嫁必须执行的基本原则。礼制要求子女恪守孝道，对父母绝对服从。而父母，则对家庭成员有绝对支配的权力，子女就是被统治的对象。

《唐律疏议》中说，子女是属于父母的，要听从父母的意志，若违背则属于不孝，就要受到惩罚。在礼制和法律的压迫下，子女不得不低头。“娶妻如之何，必告父母。”倘若有男女私奔，必遭惩罚和唾弃。

在这样的文化背景下，在中国不知上演了多少婚姻悲剧，扼杀了多少纯真爱情。

想来真的不可思议，一个人的婚姻大事关乎双方的终身幸福，竟然可以完全抛开当事人的意愿，仅凭“父母之命，媒妁之言”来进行，竟然在中国延续了两千年。

冰冻三尺非一日之寒，很多成年之后的青年男女丧失对爱情、对婚姻的主导权不是一天两天、一年两年的事情。

在号称已经进入现代化社会的当下，仍然有不少父母在摧残破坏儿女的恋爱婚姻。越来越多子女的爱情因为父母的干涉，走向死亡。

时光一去不复返，但历史还在重复再现。只是与古代不同的是，当代父母在横加干涉儿女时不再以不合礼教制度为借口，而是打起了另一面旗帜：

“你们不合适，听我的分开吧，妈妈是为你好！”

案例

在一个讨论当下父母常常越界干涉成年儿女终身大事的网站上，看到这样一个经历三次恋爱男士的帖子：

实不相瞒，我的三段感情，我妈都参与了。第一段，她嫌人家个子矮，怕遗传给孩子，坚决不同意，要我们分开。当时我年纪轻，没什么主见，而且那个女孩各方面条件的确不怎么样，谈不上多喜欢，我就顺着我妈的话，找了个借口，跟她掰了。

第二段，她又嫌人家家境不好，要我们尽快分开。女孩子爸妈都是打工的，没有退休金。这的确是个大问题，千万别以为，男人就不挑女人家境，但凡能吃香喝辣，谁想去苦苦奋斗？我又是独生子，以后养四个老人，哪有那么大能耐？分手那天，女孩子很伤心，眼睛都哭肿了。

说实话，我动过恻隐之心，甚至想跟她一起北上，远走高飞。但是，男人到底是理性的，逃，能逃去哪里呢？我唯一能做的是分手的时候给了她一笔钱，当作是青春补偿了。

第三段，也就是我现在的妻子。她是我朋友的妹妹，也是我追了好久的女神，从身材相貌到家境人品都没得说。我妈为什么反对？说起来挺好笑，我妈害怕我有了媳妇忘了娘。这可能也是中国父母的通病吧，总是把儿媳当作敌人，恨不得一辈子把孩子捆在身边。

我妈又哭又闹，说我自从交往了这个女朋友，连家都不回了，又说我结婚以后肯定被老婆管得死死的，连妈都不认了，坚决要我们分开。

我很纳闷，结个婚而已，至于闹成这样吗？这一次，我可没妥协，我在家里发了好大一场脾气，把茶几都砸破角了。我说：“你别寻死觅活，你要是不同意我娶她，我先去死好了。”

前面不是说了吗，我是家里独子，爸妈宝贝着呢，真要闹起来，他们闹不过我。这不，我才两个月不回家，我妈就慌了，打电话过来求和，说你带她回家吃个饭吧，这事就这么成了。

现在当然结婚了，孩子都生了。有时候我也会想，当初那两任，面对母亲“你们不合适，听我的分开吧，我是为你好啊”的阻挠，如果自己能坚持一下，都不至于散吧。归根结底，还是没那么爱吧！

案例反思

心理学上有个名词叫恋子情结。

至今，对恋子情结并没有科学标准的界定，但是有较为一致的认知。其情形就是——自从孩子生下来的那天起，有恋子情节的父母就以孩子为中心，一切围绕孩子旋转。久而久之，渐渐产生了对孩子的依赖心理，就像月亮必须围绕地球旋转。

一旦孩子成年独立后，父母就有可能产生“爱过剩”的问题，轻则产生失落心理，重则焦虑，心绪不宁。

在中国的独生子女家庭中，父母的“恋子情结”越来越普遍，也越来越严重。很多父母尤其是母亲，不知道这是一种心理疾病。即便知道了也不愿承认自己有这种心理疾病。

恋子情结的形成常常有以下原因。

① 夫妻关系可能没那么和谐，母亲在有了孩子之后，就把

自己的全部精力都投到儿子身上，对儿子格外重视，希望儿子能够完成她未完成的梦想，把他当作自己的生存动力；②父亲忙于各种事情，和儿子沟通很少。相对父亲，儿子对母亲比较信任，也比较依赖。

对案例中的这个母亲而言，这两个原因都有。她在儿子的爱情婚姻中一直投反对票，其根本原因就像她自己所说的：最担心的是儿子结婚以后，肯定被老婆管得死死的，连妈都不认了。

真是可气又可笑。

策略与建议

“恋子情结”与“恋母情结”这个心理固结密切联系，不管人们是否承认，它都普遍存在于我们的生活中。“恋子情结”中的孩子不是我们生理意义上的孩子，而是心理意象。

所恋的儿子形象都是经过加工后保存在意识领域里的虚像，这个虚像总是集多种因素于一体，带有很强的虚设性。

对于很多母亲而言，她们否认自己有“恋子情结”，因为在大多数父母看来，只是一种隐性的对儿子的依赖，潜藏在潜意识中，尚未浮出意识水面。

知书识礼的母亲，会通过学习领悟，在现实生活中不断得到纠正，最终完全走出对儿子的依赖，理智放手，让儿子走上独立的道路。

在尚未走出这种阴影之前，作为她最亲近也最信赖的家

人，丈夫或儿子要鼓励她建立自信，帮助她明确人与人之间的界限，同时建立自己的界限，儿子的界限。没有自信就会没有自我，而没有界限就会变得随意越界却不自知。

我们每个人都要明白，无论是谁，真正的自信是在相信自己和尊重他人之间达成平衡。尊重孩子的情感，尊重成年儿女的婚姻选择，真诚祝福他们，陪伴他们。

所以，走出“恋子情结”的困境路径很清晰：

第一阶段是帮助母亲建立自信；第二阶段是继续巩固他的自信同时学会尊重儿子，给儿子独立的生活空间和生命空间，也给自己独立的生活空间和生命空间。

人生哲学

在儿女成年之后，从儿女的世界中体面地退出，是母亲最好的选择。

精神分析学家梅兰妮·克莱因在她的《论心理健康》一文中说：“如果没有在自我中发生一个相应的分裂，自我就无法将客体分裂。”

她通过大量的研究认为，如果母亲在感觉上是引导性的、保护性的，而不是支配性的，那么孩子对母亲的认同就会带来内部的平静。

这其中隐含着这样一个反向命题，即孩子后天的心理健康很大一部分有赖于家庭的结构，尤其是母亲的作用。

在孩子成年之后，太多的中国式母亲不放手，不愿退出孩子的生活，不是因为舍不得，而是因为不懂得。不懂得孩子如果不能完成一个走向独立的分裂，真正的自我就无法形成。

如果一个母亲不懂这个，也就无法觉察其中的人性隐秘，在糊里糊涂、懵懵懂懂中被自己不知道的潜在因素控制，以爱的名义干涉孩子，强行在孩子的人生道路上开救护车、警车、快车，给孩子戴上沉重的枷锁，绑架孩子的人生，破坏孩子的幸福。

武志红说：中国的大部分父母是巨婴，有非常强烈的共生心理。他们不允许孩子离开自己，一旦离开，就无法正常生活，茶饭不思。他们对孩子有绝对的控制欲。他们甚至全能到自认为能够代替孩子的感官。哪怕孩子不冷，也得冷，所以中国有一种冷叫"你妈觉得你冷"。

究其根本，就在于很多父母骨子里不主张独立人格，也很难清楚地分辨自己与他人。

于是，一些母亲常常以爱的名义，对自己的孩子进行各种各样的控制，直到觉醒的儿女奋起抗击，就像案例中的儿子。

母亲是孩子的第一个世界，也是孩子成人的最后一个世界。因此，在儿女成年后，从儿女的世界中体面地退出，在自己的世界独立并强大，是母亲最好的选择。

各种各样的中国式父母与儿女的纷争，是我们生命中难以避免的成长经历，对父母是，对儿女也是。纷争之后，我们更加懂得什么是真正的亲情，什么是真正的亲子之爱。

轻轻放开手，才能体面退出；因为受过伤，才会更加智慧。

2.“你别说什么找到真爱再结婚了，爱情能当饭吃？”

爱是生命的火焰，没有它，一切变成黑夜。

——罗曼·罗兰

在我们的生命里，在我们的一生中，爱有多重要？

人类学家的研究结果表明，人之所以渴望爱，源于人的孤独。孤独，是人的本真状态。

泰戈尔说：“爱就是充实了的生命，正如盛满了酒的酒杯。”

梵高则用他独有的带着绘画色彩的语言道：“爱之花开放的地方，生命便能欣欣向荣。”

通常情况下，人的孤独具有三个层面的含义：

(1)“群体”的孤独。在辽阔无垠的大千世界乃至无边无际的宇宙，人类作为一个群体是独一无二的。没有另外一个人类和我们一起存在，甚至连一个“类人类”也没有。

(2)“个体”的孤独。每一个个体的人是独一无二的，“世界上没有两片一模一样的树叶”，世界上也没有两个完全相同的人。

(3)“个体”的人在面对“群体”人类的孤独。对于整个人类、整个社会来说，每一个人都是孤独的，是一个不折不扣的独行侠。

在日常生活中，我们所说的“爱”，从某种事物给予人满足(例如我爱吃这些食物)，直至为了爱某些东西而愿意牺牲，都是在形容爱慕的强烈情感、情绪或情绪状态。

但更多情况下，我们说到“爱”，这个字，是指人与人、人与事物之间有很深的感情，深深喜欢以及发自内心的爱惜、爱护。爱是温暖，是理解，是关怀，是陪伴我们走过漫漫人生的最亲切力量。

可是，在许多父母那里这些都太抽象，对于实实在在的生活而言，没用。有房子，有车子，有钱，比什么都好。女儿嫁人，就得看这三样。

案例

有一个姑娘过了三十岁尚未婚嫁，可把她的父母急坏了。

面对父母的唠叨，不断安排的相亲，姑娘说：“爸爸妈妈，我是不会轻易就开始一段恋爱关系的，除非遇见自己喜欢的人。其实，随着年龄的增长，我越来越明白家庭的重要性，就更加谨慎。还是那句话，我不会轻易和不爱的人谈恋爱，也绝不会和不爱的人凑合着过日子。”

“所以，爸爸妈妈，在没有遇上对的人之前，我不在乎长期单身，甚至独身一辈子。我在等待自己期待的爱情，也需要恋爱之后再决定适不适合迈入婚姻。”

妈妈立即冒火了，厉声说：“什么样的爱情到最后都是一样没有感觉，再说好日子是什么？不就是有房、有车、有存款，衣食用度轻松自在，不愁吃、不愁穿，也不愁养孩子吗？就是有你所谓的爱情，没房、没车、没有钱，日子咋过？

你别说什么找到真爱再结婚了，爱情能当饭吃？”

姑娘默默出门上班去，随即在自己的QQ空间写下这样的话，就像是对父母的宣言：

“不是真爱，就是给我两亿元求婚彩礼，把所有的房产上都写上我的名字也毫不动心。最怕那种婚前不知道喜不喜欢，只是觉得刚刚好合适凑合，结婚后才知道没有爱的婚姻有多苦，要离婚……反正不结婚又不会死。不将就，不凑合！”

案例反思

美国耶鲁大学心理学家罗伯特·斯坦伯格（Dr. Robert Sternberg）是专门研究爱情的。他经过细致的研究，对于“爱”做了一个因素分析，他发现爱情有三个要素：

（1）Passion，就是电光石火一般的“激情”；

（2）Intimacy，就是相知相惜、细水长流的温情、亲情与友情；

（3）Commitment，就是理性与意志上的抉择与委身。

一个人在恋爱时的“激情”，其实是大脑里分泌的一种化学物质，叫作“苯乙胺”（Phenethylamine），简称PEA。

PEA这种爱的激素会给人一种非常快乐、安和的感觉。不管遇到怎样的挫折，爱着的人只要看到爱人的一个微笑，创伤和疼痛就会一扫而空。这样过了一段时间后，“激情”就会慢慢消失，继之而起的是细水长流的友情。

那些彼此相爱、彼此珍惜的伴侣，彼此见面的时候，“胺多酚”(Endorphins)不断升高。这个胺多酚就是上帝赐给人最自然的止痛药——一种可以让双方心里觉得很平安、温馨的化学物品。

而这个姑娘恰好学的是化学专业。在以往的几次所谓恋爱经历中，她发现自己没有过“激情”的状态，也没有过那种相知相惜、细水长流的温情、亲情与友情。所以，理性与意志让她最后选择分手和离开。

她相信真爱，只是它还没有到来。

何况父母和几家至亲的婚姻状况，也让她切身知道搭伙过日子的夫妻有多苦，各自有多孤独。差不多都在争吵与妥协中度过，彼此感到委屈与不满，几乎都没有被另一半真正理解过，满眼望去都是失望。

与其将生活过得如此不堪，何必将就！

她不怨父母的逼迫，只是心中怜惜父母——他们那一代人穷困潦倒，处在情感的沙漠，搭伙过日子是常态。父母和很多人一辈子都不知道这个世界上还有另一种婚姻生活——一个灵魂和另一个灵魂的相遇，与之相随相伴的，才是彼此肉体的亲昵。

每个来到这个世界上的人都不是完整的，从出生的那天起就在寻找另一半，直到在茫茫人海找到自己命中注定的那个人，两颗灵魂紧密地结合在一起，才成为一个完整的人，才有了自己真正的归宿。

男女之间，一个灵魂向另一个灵魂呼唤的时刻，就是爱情

诞生的时刻。从此之后，心灵相通，默契相随，就像周国平说的那样：“世间最动人的爱，仅是一颗独行的灵魂与另一颗独行的灵魂之间，最深切的呼唤和应答。”

可惜，这个世界上很多人不懂这个，自己一辈子都在浑浑噩噩中度过，还试图通过跨界行为，强迫下一代人重复同样的路。

而这个姑娘，绝不！

策略与建议

根据第欧根尼·拉尔修的记载，有人问泰勒斯“何事最难为？”他应道：“认识你自己。”（《哲人言行录》卷一）。

尼采则在《道德的系谱》的前言中谈及何谓“认识你自己”——“我们无可避免与自己保持陌生，我们不明白自己，我们搞不清楚自己，我们的永恒判词是：‘离每个人最远的，就是他自己。’——对于我们自己，我们不是‘知者’……”

法国思想家蒙田也说：“世界上最重要的事情就是认识自我。”

生理的我、心理的我、社会的我，都是怎样的？在生命的旅途中，该如何破解生活中永存的难题，怎样做出正确的生活选择，以便最佳地实现自我？

作为父母，不论你的孩子想过什么样的生活，想要什么样的伴侣，你都需要认识你自己。认识到自己的人生经历，由于人生经历产生的婚姻观、生活观之后，再去和孩子的人生经历、婚姻观、生活观做对比，就更容易理解孩子了。

对于这样的孩子来说，认识、了解自己，知道自己想要什么，也许不能完全解除对人生和生活的困惑，但是会减少迷茫，让自己不那么容易被外界影响，迷失自己。至少，不会在意别人怎么看，怎么说，会清晰地听见自己内心如何看，如何说，想去何方。

至于父母，能让他们明白这些更好，不能让他们明白那就得进家门对他们微笑，把耳边的唠叨当成窗外的一阵风；走出家门则放慢脚步，告诉自己：不怕前路坎坷，只怕从一开始就走错了方向。

而父母决不可强迫孩子按照你的要求结婚生活，否则会酿成家庭悲剧，轻则孩子可能会和你分崩离析，互不往来，重则孩子可能在重压之下轻生，只留下你在这个世界上孤独终老。

人生哲学

要想改变世界，就从改变自己开始。

英国伦敦著名的威斯敏斯特大教堂，有一块举世闻名的墓碑。墓碑为粗糙的花岗岩质地，造型也很普通，与周边英国国王、牛顿、达尔文、狄更斯等名人相比，墓碑居然没有姓名、生卒年月，甚至没有关于墓主人生平的介绍。但就是这样一块无名的墓碑，却给全世界带来了心灵的震撼！

墓志铭是这样写的：

“当我年轻的时候，我梦想改变这个世界；

“当我成熟以后，我发现我不能改变这个世界，我将目光缩短些，决定只改变我的国家；

“当我进入暮年后，我发现我不能改变我的国家，我的最后愿望仅仅是改变一下我的家庭，但是，这也不可能；

“当我躺在床上，行将就木时，我突然意识到：如果一开始我仅仅去改变自己，然后作为一个榜样，我可能改变我的家庭，在家人的帮助和鼓励下，我可能为国家做些事情，然后，谁知道呢？我甚至可能改变这个世界。”

改变世界，从改变自己开始。

3.“你是我们的孩子，咋就不能看你日记呢？”

人受到震动有种种不同：有的是在脊椎骨上；有的是在神经上；有的是在道德感受上；而最强烈的、最持久的则是在个人尊严上。

——约翰·高尔斯华绥

父母是否可以看孩子的日记，翻看孩子的隐私记录？

答案是肯定的：不可以！

在欧美国家，孩子发现父母有这样的行为，可能会打电话报警，直接由司法人员介入。

《中华人民共和国未成年人保护法》第十条也有明确规定：“任何组织或者个人不得披露未成年人的个人隐私。对未成年人的信件、日记、电子邮件，任何组织或者个人不得隐匿、毁弃；

除因追查犯罪的需要，由公安机关或者人民检察院依法进行检查，或者对无行为能力的未成年人的信件、日记、电子邮件由其父母或者其他监护人代为拆开、查阅外，任何组织或者个人不得拆开、查阅。”

但是，中国很多父母对此熟视无睹，根本不把这当回事，甚至认为这样的事情都是出于对孩子的保护，是为孩子好，没必要上升到立法层面来禁止。

一些法律界人士站在旁观者的角度分析，认为《中华人民共和国未成年人保护法》在法律执行过程中没有可操作性，对于保护未成年人的隐私权几乎没有帮助。因为从法律专业角度来讲，父母是未成年子女的法定代理人，未成年人如果受到法律上的侵犯，应由父母提起诉讼。

可是在现实生活中，一旦出现父母侵犯子女隐私权的事情，家长怎么会自己告自己呢？所以立法禁止父母偷窥子女隐私，保护孩子隐私权的法律规定很难达到效果。

对于教育孩子方面而言，有些父母认为有必要全面了解孩子的心理状态。通过看孩子的日记，可以了解到很多自己看不到的事情，有助于观察孩子的内心，掌握孩子内心的动态，帮助孩子成长。只是如果看了孩子的日记，千万不要让孩子发现就行了。

案例

一个刚上初二的男孩，品学兼优，不仅学习成绩好，会游泳，吹小号，绘画，还很懂事，是父母、亲戚、老师眼中公认的好孩子。但是，突然有一天他却悄然离家出走了。

父母、亲戚、老师发动了可以发动的所有力量，终于在第三天傍晚在一个公园的亭子里找到了男孩。

弄清他离家出走的原因后，父母震惊了。

原来男孩发现父母一直在偷看自己的日记，对父母提出过反对意见，父母表面上答应以后不会再看了，但实际上还是偷偷地看。他在日记本上叠了不易察觉的折痕，父母动他的日记他就会知道。

那天放学回家，他再次发现日记又被翻看了，对父母失望至极，伤心和愤怒之下，就背起书包带着日记本离家出走了。

三天来，有时他在麦当劳里，有时在图书馆里，有时在公园里，身上几十块钱除了买最简单的食物外，一分钱也不敢乱花。静下来想想父母平时对他的好，对父母侵犯他隐私的愤怒渐渐平息了很多，却不知怎么回家去面对所有人。

找到他时，父亲还没有从惊恐和愤怒中冷静下来，依然不解地对孩子大吼："你是我们的孩子，咋就不能看你日记呢？"

案例反思

表面上看，案例中的父母偷看孩子的日记是侵犯了孩子的隐私权，跨越了界限，侵入了孩子的私人空间，是对孩子的不尊重，也是对法律的不在意。但实际上，还远不止这么简单。

心理学、精神现象学告诉我们：潜意识深处的图景，塑造了现在的你我。对我们的各种行为而言，我们的大脑其实只有一小部分是有意识地做出理性的决定。其他潜藏在表意识之下的，则是巨大的潜意识。

如果我们没有意识到这个隐藏的自我，就看不到潜意识的冰山一角，也不会察觉它们的存在。

对中国人来说，我们的潜意识都记载着我们生命中自古以来就有的，关于儿女都是父母私有财产的所有体验与记忆。

《孝经·开宗明义》："身体发肤，受之父母，不敢毁伤，孝之始也。立身行道，扬名后世，以显父母，孝之终也。"你的身体，你的命都是父母给的，你要立身行道，你要扬名后世，来给父母增光，报答父母。

所以，"君叫臣死，臣不敢不死；父叫子亡，子不敢不亡。"还说"大孝终身慕父母，唯孝顺父母可以解忧"。意思是：孝顺双亲不单是生前尽孝，死后祭之也是孝道的延伸，只有对父母孝顺，让父母开心，才能使自己得到安慰解除自己的忧虑。

这种儿女都是父母的、为了父母儿女必须付出一切的愚昧伦理观念，差不多就是一代代人对着父母为奴为仆的行动指导纲领。经过两千多年的宣传浸染，已经渗透到很多中国父母的骨髓里。

正因如此，很多父母不觉得孩子是独立个体、独立生命格，而是属于自己的私有财产，可以任意妄为，长期漠视。许多父母不管孩子的内心想法，不顾及他们的感受，将自己认为有利于他们的东西强行灌输，理解也要执行，不理解也要执行，这其实是另一种暴君行为在家庭中的呈现。

《儿童权利公约》第三条规定："关于儿童的一切行动，不论

是由公私社会福利机构、法院、行政当局或立法机构执行，均应以儿童的最大利益为一种首要考虑。”儿童的最大利益原则，成为各国立法的原则。

在我国，立法上对于剥夺不负责任父母的监护权的规定不彻底，程序不完善。更重要的是，子女是父母私有财产的思想禁锢和传统伦理，并没有真正打破。

同时，中国很多父母也缺少基本的教育学、心理学、社会学知识，不知道如果父母一意孤行继续侵犯孩子的隐私，那只有两种结果：一种是让孩子自闭；另一种是让孩子反抗。

他们也不知道，只有平等沟通才是解决问题的最好途径。很多父母在和孩子沟通时，不允许孩子争论，总是居高临下地批评指责。父母总以为自己爱孩子，却不知道不尊重就是最大的侵犯、最大的伤害。

策略与建议

父母需要认知的是，案例中的这个孩子正上初二，正处于青春觉醒期。这种觉醒不只是身体的发育进入快速通道，更是自我意识的觉醒。

相对于儿童期来说，进入青春期的孩子开始变得独立自我，勇于挑战，敢于竞争。这时候的他们，已经开始在心中界定哪些是“我自己的事”，哪些是“别人的事”，我如何做好“自己的事”，谁没有尊重“我的事”，谁在想操控“我的事”。

换句话说，这时期的父母需要明白，孩子已经能够分辨父母是否想控制他，是否在侵入他的私人空间。如果别人把他当作成人对待，他也会以一种负责任的态度回应你。所以，家长如果以往不懂得拿孩子当作独立的个体，这时候孩子的反抗与斗争，反过来会教育父母去尊重孩子，同时尊重自己。

同时，父母还要有深远的领悟——父母侵犯孩子的隐私，除了受无法觉察的、孩子是父母的私有财产这种潜意识驱使之外，还有另外的自我诉求，那就是想知道孩子当下是什么状态，然后知道怎么对待孩子，和孩子建立亲密关系。

孩子的叛逆和抗争，会给父母敲响警钟——偷偷查看隐私不仅不能达到目的，反而会恶化关系。只有学会尊重孩子，才能取得孩子的信任，进而畅通沟通渠道，让孩子健康成长。

想跟孩子成为朋友，要试着去倾听、去体会，而不是强行介入，强迫执行。要知道，在我们背负起父母职责的那一刻，即使再多怨恨再多误解，哪怕明知道是一种束缚，也希望把他们捆绑到我们认为最正确的道路上，却不知道我们所谓的爱往往已经把他们灼伤。

很多时候，非得把儿女伤得不成样子，甚至恨在心头，才在痛苦中猛然惊醒。

上面案例中的学生对个人隐私的看重，其内在心理还有不为常人所知晓的一面，那就是隐私源于人的羞耻感。包括身体的隐蔽部位、日记内容、通信秘密等，都是隐私中的“私”范围。其特点是保持秘而不宣，不愿他人探知或干涉，就是隐私中“隐”的表现。

孩子的日记，实质上是自己写给自己的信，或者写给别人

的信，只是未发出而已。它更多地关乎孩子的心灵以及走向独立。

作家三毛说，她的心有很多房间，丈夫荷西也只是进去坐一坐。

心灵，是用来懂的，感悟的，相通的，而不是用来被干扰的，被侵犯的。

每个孩子的心也一样，对父母而言，你不能都知道，更不能都掌控。

人生哲学

一个美满的家庭，有如沙漠中的甘泉，涌出宁谧和安慰，使人洗心涤虑，怡情悦性。

在人类的意识深处，从来都是对“家”充满了留恋和向往。用一砖一瓦的温情建构起来的家，既是每个奔波在旅者的始发港，也是最终的栖居地。

而家之所以成为“家”，很大程度上是因为它是亲情的集散中心。由亲人的温馨、善良、关怀、呵护所营造的那个小小庭院、小小住所，总是弥漫着特有的暖意。通往“家”的路，也因此永远牵着每个人。

不管你是飞黄腾达的胜利者，还是遍体鳞伤的战败者，“家”都会温情地迎接你归去，在无声无息中抚去你身上所有的尘埃和伤痕。

在人们的意识里，似乎浩瀚宇宙中唯有这里才没有尔虞我诈的争斗，没有虚伪、欺骗与背叛。

罗斯金曾这样表述过“家”的含义：“这就是家的真正性质——它是和平的地方，避难所，不但免遭一切伤害，而且还免遭一切恐怖、怀疑和分裂。”

然而，现实生活中一些家庭却不尽如人意，对美国一群孩子从幼儿园到高中进行跟踪调查发现，孩子的智商高低与天赋、教育不存在决定性的联系，情绪才是智力发育的关键因素。

孩子智力与情绪的健康发育，需要宽松、愉快的环境。如果孩子生活的家庭环境不和谐，缺乏笑声、幽默、宽松、信任、亲近，大人监控孩子，不信任孩子，必然给孩子的心灵蒙上阴影，阻碍情绪发展，严重影响孩子的智力发育，乃至身心健康。

在现实中，我们只要细心观察就会发现，快乐对于孩子来说，就像新鲜空气之于人一样重要。那些个性表现得谦虚、礼貌、自信、乐观，待人诚恳、为人亲切的孩子，往往有着民主、宽容的父母；那些个性表现得怯懦、说谎、不信任别人、内向、孤僻、性情暴躁的孩子，大多有着权威、专断的父母。

请记住教育家兰尼的这句话吧：“一个美满的家庭，有如沙漠中的甘泉，涌出宁谧和安慰，使人洗心涤虑，怡情悦性。”

4. “你再不听我们的，我们就不管你了！”

世上所有的爱是以聚合为最终目的，只有一种爱是以分离为目的，那就是父母对子女的爱。

——西尔维娅·克莱尔

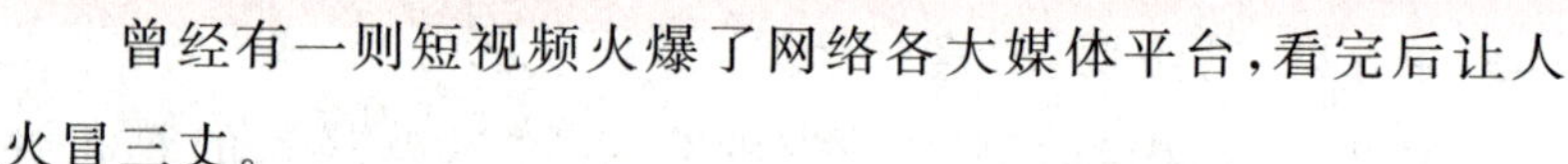

曾经有一则短视频火爆了网络各大媒体平台，看完后让人火冒三丈。

视频中的一幕发生在上海普安路某办公楼附近，一个母亲在雨中帮打扮得花枝招展的二十出头的女儿擦鞋。那场景，让人想起旧社会无微不至伺候主人的女用人。女儿在雨中，撑着伞优雅地站着，她的母亲却蹲在她面前卑微地给她擦鞋。

据跟帖的网友说，这个女孩还不停地谩骂自己的母亲，因为擦得不合自己的意。可是，这个母亲却没有半点怒气，简直卑微到了尘埃里。

网友们怒气冲冲，无法明白：作为母亲，她怎么能忍受自己的女儿如此地大逆不道？作为女儿，她怎能如此承受母亲的伺候，她的良心不会痛吗？

可是在现实生活中，在我们的身边，这样的例子并不少见。从二十多岁到四十多岁的群体，教育程度高低不一，却一直啃老，无论如何都不愿出去工作，在家打打游戏，吃吃喝喝，从未长大过。

据国家相关统计，在城市里，我国有65%以上的家庭存在“老养小”现象，有30%左右的成年人依靠父母为其提供部分甚至全部生活费。

进一步仔细考察会发现根源在于他们的父母。他们倾尽全力培养孩子，溺爱至极，日复一日，年复一年，他们的儿女就成了我们所见到的样子。

案例

网上有一个帖子，写的是有一个小伙子已经三十岁了，未婚，大学毕业多年，却一直工作不稳定。

这一天，父母又托人介绍儿子前去相亲。下面是儿子相亲回来后的母子对话。

儿子："妈，饭好了吗？"

母亲："我现在就给你盛饭，快说，谈得怎么样？"

儿子："不怎么样！"

母亲："怎么了，又不合适？跟妈说说，她哪儿不好？"

儿子："不是她不好，是我不喜欢，您就别操这份心了。"

母亲："行行，先不说这个，工作还是不顺心吗？"

儿子："这样的单位，能顺心吗？"

母亲："同事关系好吗？你们在外面吃饭可得注意了，现在年轻人得脂肪肝的不少，要少喝酒少吃肉，多吃蔬菜。"

儿子："那您还往我碗里夹肉？"

母亲："妈就是为你做的，一顿两顿的，吃不胖。再说你得加强营养，还在长身体呢！"

儿子："还长呀？妈，我都三十几啦！"

母亲："你就是八十岁，也是妈妈的儿子。"

父母的方式不改变，孩子能长大吗？如果这样，将全面影响孩子未来的婚姻、家庭、事业和整个人生。

每次小伙子在单位感到不如意时，他都会回家告诉父母。他的父母都会马上鼓动他辞职换单位。

有时候儿子感觉频频换单位有些不好意思，需要不断熟悉新的环境，新的工作岗位也吃力，这时候溺爱的双亲就为他拿主意了：

“辞职，换岗位，咱不能受这种气！”

如果儿子还在犹豫，他们就会说：“你再不听我们的，我们就不管你了！”

儿子只好缴械投降，乖乖听父母的。如此一来，他不断在辞职换工作和新公司之间游走，几乎一事无成。

小伙子的舅舅实在看不过这状态，就跟小伙子的父母说：“你们不能这样控制儿子，你们看起来是爱，实际上是在控制孩子。”

小伙子的父母却说：“没有啊，我们只是在给儿子提建议，并没有强迫他，每一次换工作最终都是他自己定下来的。”

案例反思

自古有句俗话，叫“清官难断家务事”。实际上只要稍加梳理，就可以发现这一家父母和儿子之间控制与被控制发展的一个过程——

第一步，父母一直想控制儿子，也一直在控制儿子。

第二步，儿子有些不愿意被控制，父母就会用鼓励增加力量“辞职，换岗位，咱不能受这种气！”

即使父母用鼓励增加了力量，儿子还是有些犹豫，不愿辞职时，父母就加大了力度："你再不听我们的，我们就不管你了！"

第三步，儿子变得很无奈，只好听父母的。就这样一而再，再而三地辞职，换工作，漂泊不定。

这就是家庭里"控制→鼓励+强制→无奈"的三部曲。

小伙子的父母说："没有啊，我们只是在给儿子提建议，并没有强迫他，每一次换工作最终都是他自己定下来的。"

可是，他们实际上并不清楚建议和控制之间的界限在哪里。

建议就是把你所知道的告诉对方，把决策权留给对方；控制就是把你知道的告诉对方，然后非要对方按你说的去做。

在这个家庭里，每当父母面对儿子的选择时，只要儿子不采纳他们的建议，他们就会生气地说："你再不听我们的，我们就不管你了！"这就是控制。

与控制相伴相随，是这家父母对孩子的溺爱。儿子三十多岁了，母亲还包揽儿子的生活琐事，给他盛饭，夹菜，安排相亲，一次次不厌其烦为他换工作操心。他们不知道自己已经剥夺了儿子的独立，从衣食住行到工作恋爱，全都由他们一手安排。

尽管这个儿子已经步入社会多年，依然四处碰壁，事事不如意，处处都觉得很难，总感觉自己压力很大，能力差。父母的溺爱，剥夺了儿子能力的同时，也剥夺了儿子获得独立奋斗、不断取得进步和成功的喜悦。

在此种情况下，儿子的内心就无法建立遵守规则的意识，在遇到外界要求他遵守规则时感到无奈，在人际关系中也就成为不受欢迎的人。

策略与建议

以爱的名义替孩子做选择，这会有极大的迷惑性。

父母觉得自己做得对，孩子也不知道该怎么反抗。但父母和孩子都会因此而苦恼。父母一直为孩子操心；孩子经常感到烦闷，甚至有窒息感。这种窒息感，体现在父母替孩子做所有的决定，就是从精神上扼杀孩子的生命。

因此，身为父母，必须具备这样的认知，并根据这些认知反思自己的行动，改变自己与儿女相处的策略：

(1) 慈母多败儿。中国自古以来就对溺爱孩子会导致什么结果很清楚，大量事实也已经告诉人们对孩子娇惯不得。如果孩子有不孝行为，那往往是父母娇生惯养的结果。

《后汉书·仇览传》载有“孤犊触乳，骄子骂母”的故事，说有一个人因为是独子，所以受到母亲的娇惯，但他由撒娇而顶嘴，由顶嘴而骂母亲，最后竟打母亲。一天他见一只母牛的奶子鲜血淋淋，原来是被小牛犄角触伤了。

有人说：“干脆把这头小牛杀了，它竟这样对待妈妈。”

也有人说：“牛是畜生，可是有的人连畜生都不如。”

此时他忽然发现，人们说这话的时候全都看着他，目光里全是愤怒，像是要立即杀了他才能解气。

他一下子震惊了，从此悔过自新，再也没有对母亲不孝了。

(2) 每个人遇到的人生困境和困扰都很多，可能是工作不顺心、下岗失业、资金被套、公司倒闭，也可能是生病住院、亲人反目、恋爱受挫、婚姻危机、亲人离去……一句话，大人物有大人物的烦恼，老百姓有老百姓的忧愁。

这就是人生，人来世上一趟，就是要深切感受、体验这些经历，否则就是不完整的人生。放手，让孩子走自己的路！

(3) 父母的溺爱会造成很多成年人心理仍处在儿童期，当遭遇人生困境时，他们就很容易情绪低落，以至于对什么事都不感兴趣，找不到生活的意义。他们常常采取“逃避”或“麻木”的方式，来应对发生的一切。

而每个人的内心容量都是有限的，如果烦恼太多纠缠在一起，就会给人带来战战兢兢的心境，惶惶不可终日的焦虑，消极情绪积累到一定程度，会影响整个人生的品质，甚至会觉得活得索然无味。

如果真的关爱孩子，那就从现在做起——

改变生活方式，在潜移默化中让孩子形成坚强的性格，让孩子自己去面对生活中的小困难、小挫折，如此，才能更好地面对他们在社会上的大困难。

人生哲学

人活一辈子，假如你将所有困难都关在门外，那么成功也将被你关在门外了。

从心理学上看，人的成长需要经历依赖期、独立期、互赖期三个阶段。

在这里，依赖期是儿童期的心理年龄状态，独立期是走向青春期的心理年龄状态，互赖期是走向成年期的心理年龄状态。

从依赖走向独立，是人生最关键的一步。要完成这样的成长，自我觉察是非常重要的一个前提。自我觉察，就是我们需要对自己有一个清醒的认识，有了认识才会反省，有了反省才会产生成长的动力并寻找到成长的方法。

很多人一直都在分析婚姻破裂的原因，是自己太任性，还是对方太无情？是自己魅力不够，还是对方太花心？很多人也在分析事业不成功的原因，是自己能力不足，还是外部竞争激烈？是自己努力不够，还是用人单位无情？

我们一直在问题的表面上打转转，而心理年龄还是一个孩子才是症结。

成年人最重要的标志，就是我可以自己照顾自己，而儿童则不然，我的人生要靠别人。在求婚时，我们可以有浪漫的甜言蜜语：

“我会给你永远的幸福！”

“我会照顾你一辈子！”

“没有你，我不知道怎么生活。”

在求职时，我们可能有美好的憧憬期待：工作轻松，有保障，待遇好等。

其实，我们每个人都需要照顾自己的人生，都需要不断地自我成长，人生中的成功快乐，也只能依靠自己去找到。如要倚靠别人才能够得到人生快乐，就算有这个可能，也是危险的，因为别人也要照顾他自己的人生。

把自己的人生完全依托在别人之上，是可笑的，也是可怕的。

如果我们的人生长久地都需要对方背负，又有谁能背负得起呢？这样，对你的照顾便难以维持长久，更何况每个人都在不断地改变中，昨天纵有完全一致的看法，今天都有可能出现分歧，没有一个人可以维持不变。

工作也是一样的，报酬和自己能力的匹配与平衡，自我能力的不断成长，才是最好的保障，每一份工作、每一个工作环境都在不断的变化中，自我成长才是永恒的法则。

黑格尔说："如果你把所有的失败都拒之门外，成功也要被关在门外了。"

5. "如果可以重来，我绝对不会让他走这条路！"

> 我慢慢地、慢慢地了解到，所谓父女母子一场，只不过意味着，你和他的缘分就是今生今世不断地在目送他的背影渐行渐远。你站在小路的这一端，看着他逐渐消失在小路转弯的地方，而且，他用背影默默告诉你：不必追。
>
> ——龙应台《目送》

催眠大师米尔顿·艾瑞克森讲过一个很有意思的故事：

他的一个外孙女，年龄五六岁，一次骂了自己妈妈，还打了妈妈。艾瑞克森要求小女孩道歉，小女孩拒绝。艾瑞克森就抓住了她的手，对她说，你不道歉，我就不松手。

艾瑞克森曾全身瘫痪，后来靠自我催眠治疗恢复，但仍然半边身体乏力，而另一边的身体，因为补偿性的原因，就很有

力。艾瑞克森用这只很有力的手，紧紧抓住小女孩的手，而小女孩也用最大的力气反抗，艾瑞克森感觉，“就像两个大力士在较劲一样”。

这一过程足足持续了几个小时，最后小女孩服输了，对妈妈乖乖道歉。

艾瑞克森说，他之所以这样做，就是在树立界限，让孩子知道，她不能攻击和辱骂妈妈。更深的含义是，世界不是完全按照你的想法运转的，你和别人之间是有界限的。

可惜的是，在我们的生活中，很多人不仅不会这样设立界限，甚至连界限意识都没有，尤其是那些常常打着爱的名号，实施非爱行为的父母。

案例

王源是当下娱乐圈最火的年轻人之一。2011 年年底，他成为 TFBOYS 家族练习生，2013 年 8 月 6 日以组合形式出道。2015 年开始独立作词作曲，2016 年单曲《因为遇见你》获第九届城市至尊音乐榜年度听众最爱新人、2016 亚洲新歌榜年度十大金曲。

2017 年作词作曲《十七》，获中央电视台全球中文音乐榜上榜年度最佳原创歌手和年度最佳中文歌曲、2018 亚洲新歌榜年度十大金曲；入选美国《时代》周刊 2017 年度三十位全球最具影响力青少年。

2017、2018年参加联合国经济及社会理事会青年论坛并议程演讲，是第一位受邀联合国青年论坛的中国艺人，也是首位登上联合国舞台的中国少年偶像。

就是这样的王源，在一次采访里，他的妈妈李咏芳面对媒体痛哭，表示如果有选择，绝对不会让孩子进入娱乐圈。李咏芳在采访中几次忍不住落泪，有两次很坚决地说，如果可以重来，“绝对不会，我绝对不会让他走这条路！”

她的理由主要有两个：①觉得王源失去了正常孩子应有的童年；②提前体验了儿子彻底属于社会的空巢生活。

李咏芳回忆到在TFBOYS成立三周年时，他们夫妇二人到北京看儿子的演出，舞台炫目，粉丝疯狂。回到酒店，很久很久，都没见儿子来，丈夫对李咏芳讲：“感觉儿子不是我们的了。”

但王源自己对此的回应却是——如果再来一次，他仍然会义无反顾地选这条路：

“为什么要过平凡的一生呢？”

“我当然付出了代价，但我更多的是幸运，为什么要过千篇一律的人生？”

案例反思

透过案例中妈妈的哭诉，除了感受到母亲对儿子的心疼，我们更多看到的可能是，孩子的成长和成就大大超越了父母的经验和认知，父母由此而产生的心理落差。

王源作为新时代的流量之王，他的粉丝可以包下全球“海陆空”资源为他庆生；他发的电子唱片导致服务器瘫痪；他做封面的杂志，两万本一秒售空。

王源和父母有这种距离，究其根本，一是工作繁忙；二是明星光环，父母要和大众分享作为公众人物的儿子。

但是，对于一个家庭来说，孩子社会化过早地完成，小时候完全依赖父母的孩子，在父母还没回过神的时候，已经成为万人瞩目的明星。

孩子走得太快，父母跟不上，父母和孩子之间就好像一个业余长跑运动员参加一场马拉松比赛，试图跟上其他选手却只能踉踉跄跄，力不从心。

更多的家庭，没有明星孩子与父母这么大的沟壑，王源和父母之间意见的相左只是将我们常见的现象扩大化了。

妈妈说：如果可以重来，绝对不会让儿子走这条路。

王源却说：如果再来一次，他仍然会义无反顾地选这条路。

这种现象背后，是孩子依赖父母，还是父母依赖孩子？

天下的父母必须明白：孩子终将长大。孩子是孩子，你是你！

策略与建议

对儿女而言，成长是懵懂，是勇气，是陪伴，更是蜕变。对父母而言，成长是陪伴，是相守，更是一场优雅的告别。

大树茂盛遮天，曾为小树遮风挡雨；来日，小树越长越高，大树的遮挡反成了阻碍。父母在孩子需要陪伴的时候给予陪伴,需要放手的时候适度放手是一种智慧。

孩子依赖父母,同时父母依赖孩子,但如果孩子成为全部生活中心,当他上大学,或是远渡重洋留学,希望父母也开启自己的生活,回到那个有自己更多业余时间的岁月。孩子的事大过天,但其实应该还有三个字:“我的事。”没有“我自己”,就没有一切。

到了一定时候,父母与儿女之间,越是平凡的陪伴,就越久远。真心爱着儿女的父母,要做到默默陪伴儿女,默默关注儿女,不过分打扰,不干涉,真的不容易。最好的爱,是安静而温暖的陪伴。平凡的陪伴看似平淡,其实最是珍惜眼前。

理解的懂得,看似简单,其实正是善待人间。在感情的世界里,陪伴的懂得与爱的本身更为重要。

让我们记住:“真爱相守,静静陪伴。”

有一本书叫作《放下执念》,很值得父母深度阅读。这本书的副标题是:让你自由的五十个心灵练习。

作者认为,人类一直无法控制自己的思想,甚至任由思绪淹没理智,让生活充满了无尽的担忧和恐惧,使我们的身心时常处于紧张状态。我们经常相信自己的每一个想法,而这正是痛苦的来源。生命中的痛苦必须去承受,要挣脱执念的桎梏,唯有了解我们的思绪如何运作。

《放下执念》提供的五十个心灵练习,都是根据全新的接受与实现疗法“放松思想”创作而成,可以帮助读者学会观察自己的想法如何运作,通过练习放宽心境,保持自由的生活心态。

人生哲学

人生智慧之一，就是重重拿起，轻轻放下。

有这样一个颇具禅意的故事，叫《放下》。

一个人去问老和尚："有些事为什么偏偏就不能放下呢？"

老和尚说："没有什么事是放不下的！"

那人道："请明示！"

老和尚把一个空杯让这个人拿着，然后往里倒开水，慢慢地，水溢出来了，烫痛了他，他就放下了杯子。

老和尚说："因为痛，就放下了！"

另有一个故事，叫《一切都在》。

有好多天，一休和尚独坐参禅，默然不语。

师父看出其中玄机，微笑着领他走出寺门。寺外，一片大好的春光。放眼望去，天地间弥漫着清新的空气，半绿的草芽，斜飞的小鸟，动情的小河……

一休深深地吸了一口气，偷窥师父，师父正在安详打坐于半山坡上。

一休有些纳闷，不知师父葫芦里卖的什么药。

过了一个下午，师父起身，没说一句话，打个手势，把一休领回寺内。

刚入寺门，师父突然跨前一步，轻掩两扇木门，把一休关在寺外。

一休不明白师父的旨意，独坐门外，思悟师父的意思。

很快天色就暗了下来，雾气笼罩了四周的山冈、树林、小溪，连鸟语水声也不再明晰。

这时，师父在寺内朗声叫一休的名字。

一休推开寺门，走了进去。

师父问："外面怎么样？"

"全黑了。"

"还有什么吗？"

"什么也没有了。"

"不"，师父说："外面，清风、绿野、花草、小溪……一切都在。"

一休忽然领悟了师父的苦心。

我相信，父母们应该能从这两个故事中得到一些启示：

在儿女成人之后，轻轻放下儿女自己选定的事业、人生、生活，否则你会和儿女一起体会那种控制和反控制的痛。

当你放下了，走到儿女以外更大的世界去，你会发现清风、绿野、花草、小溪……一切都在。儿女也在，以风淡云清的样子。

参考文献

[1] 埃迪蒙托·德·亚米契斯.爱的教育[M].北京：商务印书馆，2012.

[2] 海伦·凯勒.假如给我三天光明[M].张雪峰，译.武汉：长江文艺出版社，2010.

[3] 罗金.一念一清净[M].北京：中华工商联合出版社，2015.

[4] 北野武.向死而生[M].李颖秋，译.上海：上海人民出版社，2010.

[5] 曼狄诺.羊皮卷全书[M].长春：吉林大学出版社，2010.

[6]《经典读库》编委会.人性的弱点人性的优点[M].南京：江苏美术出版社，2013.

[7] 唐灿.转型社会中的家庭与性别研究：理论与经验[M].呼和浩特：内蒙古大学出版社，2010.

[8] 联合国教科文组织国际教育发展委员会.学会生存：教育世界的今天和明天[M].北京：教育科学出版社，1996.

[9] 玛利亚·蒙台梭利.蒙台梭利方法[M].天津：天津人民出版社，2003.

[10] 黄志猛.心理年龄与成长智慧[M].上海：复旦大学出版社，2015.

[11] 亚米契斯.爱的教育[M].夏丏尊，译.合肥：安徽教育出版社，2015.

[12] 艾利希·弗洛姆.爱的艺术[M].刘福堂，译.上海：上海译文出版社，2018.

[13] 菲利普·费尔南多·阿梅斯托.文明的力量：人与自然的创意[M].薛绚，译.北京：新世纪出版社，2013.

[14] 斯蒂芬·威廉·霍金.时间简史[M].吴忠超，译.长沙：湖南科技出版社，2017.

[15] 梁启超.读书指南：跟大师学国学[M].北京：中华书局，2010.

[16] 麦家，苏童，阿来，等.好读书：名家给年轻人的读书课[M].北京：北京联合出版有限公司，2018.

[17] 约翰·杜威.学校与社会·明日之学校[M].赵祥麟，等译.北京：人民教育出版社，2005.

[18] 王日新.现代家庭教育丛书[M].郑州：河南人民出版社，2014.

[19] 严凌君，等. 青春读书课：全七卷十四册[M]. 深圳：海天出版社，2012.
[20] 黄全愈. 走出家庭教育的误区[M]. 武汉：长江出版传媒，长江文艺出版社，2017.
[21] 约翰·霍尔特. 学习像呼吸一样自然[M]. 李颂，译. 北京：电子工业出版社，2005.
[22] 李敏. 游戏与学习——以游戏提升学生的生活质量[M]. 北京：教育科学出版社，2010.
[23] 怀特海. 教育的目的[M]. 庄莲平，王立中，译注. 上海：文汇出版社，2012.
[24] 约翰·杜威. 民主主义与教育[M]. 陶志琼，译. 北京：中国轻工业出版社，2017.
[25] 戴维·珀金斯. 为未知而教，为未来而学[M]. 杭州：浙江人民出版社，2015.
[26] 赵汇峰. 你在为谁读书：哈佛大学给青少年的人生规划课[M]. 北京：时代出版传媒股份有限公司，北京时代华文书局，2015.
[27] 罗钢. 文化研究读本[M]. 北京：中国社会科学出版社，2000.
[28] 王一川. 大众文化导论[M]. 北京：高等教育出版社，2015.
[29] 顾明远. 教育大辞典[M]. 上海：上海教育出版社，1998.
[30] 楼宇烈. 中国文化的根本精神[M]. 北京：中华书局，2016.
[31] B. A. 苏霍姆林斯基. 给教师的建议[M]. 杜殿坤，编译. 武汉：长江出版传媒，长江文艺出版社，2014.
[32] 马卡连柯. 马卡连柯全集第三卷[M]. 北京：人民教育出版社，1957.
[33] 雷开春. 社会心理学新编[M]. 上海：复旦大学出版社，2016.
[34] 李伯黍，燕国材. 教育心理学[M]. 3 版. 上海：华东师范大学出版社，2017.
[35] 月梅，于保堂. 现代教育新理念[M]. 呼和浩特：内蒙古大学出版社，2009.
[36] 张相乐，郑传芹. 教育学[M]. 保定：河北大学出版社，2012.
[37] 朱永新. 大师教你做父母 4 对话苏霍姆林斯基之二[M]. 武汉：湖北教育出版社，2014.
[38] 冯忠良. 教育心理学[M]. 北京：人民教育出版社，2010.
[39] 胡家尧. 成长路上的我们[M]. 北京：光明日报出版社，2016.
[40] 约翰·杜威. 我们怎样思维·经验与教育[M]. 姜文闵，译. 北京：人民教育出版社，1991.

[41] 林崇德,杨治良,黄希庭.心理学大辞典[M].上海:上海教育出版社,2004.

[42] 陈琦,刘儒德.当代教育心理学[M].北京:北京师范大学出版社,2007.

[43] 梁宁建.心理学导论[M].上海:华东师范大学出版社,2013.

[44] 陈忞.学生心理健康与社会适应[M].北京:国际文化出版公司,2002.

[45] 张承芬,程学超.教师心理[M].济南:山东教育出版社,1984.

[46] 卡尔·雅斯贝尔斯.什么是教育[M].邹进,译.北京:生活·读书·新知三联书店,1991.

[47] 罗兰·米勒.亲密关系[M].王伟平,译.北京:人民邮电出版社,2015.

[48] 柏拉图.文艺对话集[M].朱光潜,译.北京:人民文学出版社,1980.

[49] 季羡林.读书 治学 写作[M].上海:华东师范大学出版社,2016.

后　记

家庭是孩子来到这个世界之后开始人生之旅的第一场所，父母是孩子的第一任启蒙老师。在孩子最早打量世界、认识世界的时候，他们接触最多的人是父母，最先被孩子无条件认定的、最亲近的人还是父母。父母的一言一行、一举一止，都体现着他们的生活方式和人生态度。因此，作为家长必须时时处处以身作则，给孩子树立起良好的榜样。“智慧父母成长课堂”丛书就是基于此种主旨的探索，将理论与实证分析相结合，给家庭教育提供一些有益的启示和帮助。

期待通过本丛书的出版，能够帮助广大读者建立这样的家庭教育理念：家长对孩子的身体发育、心理发育、智力开发以及孩子各方面能力的培养肩负着无可替代的重要职责，既要教会孩子怎样学会知识，又要教会孩子怎样做人；家庭教育对孩子行为习惯的养成、学习态度的奠基、世界观和人生观的确立都有着重大的促进作用；每个孩子的成长，既要依靠学校教育的培育、社会教育的规范来完成，更需要家庭环境的滋养、家长教育的点亮来完善。

本丛书的顺利出版，首先要感谢上海开放大学副校长王伯军。王校长作为本丛书的总策划，确立了丛书的选题、结构框架、总体方向和表达风格。其次要感谢上海开放大学非学历教育部部长王松华和副部长姚爱芳，他们自始至终参与了丛书的策划和定稿，为丛书的顺利完成时时助力。

本丛书能够如期付梓，还要感谢几位作者，他们在丛书编委会的指导下度过了两年携手同行的编写时光。作为一线教师，在繁忙的教学和科研之中，他们对家庭教育满怀热情，以大胆执着的探索精神、扎实严谨的科学态度，在广泛调研的基础上，潜心写作，笔耕不辍，高效完成了本丛书的写作。在此，向他们表示由衷的敬佩和感谢！

本丛书的圆满出版，更要感谢清华大学出版社编辑团队，他们为丛书的设计和出版付出了辛勤劳动和专业智慧。同时，还要感谢上海开放大学人文学院艺术系的郭大伟老师，为丛书设计了精美的插画。

本丛书从制订撰写方案到完稿虽然有两年时间，但限于作者在这一新领域的撰写经验有限，丛书难免有疏漏或不当之处，敬请读者批评、指正。

最后，衷心祝愿天下所有父母和孩子生活圆满，幸福安康！

“智慧父母成长课堂”丛书主编　杨敏